THE FENG SHUI,
YOU HAD BETTER TO DO.

間取りを気にせずできる！

やったほうがイイ風水

監修 愛新覚羅ゆうはん

日本文芸社

はじめに

自分の運命にもっと貪欲《どんよく》に生きてほしいと私は日々思います。

「やらないよりかは、やったほうがいい」

人生をより良くしていくためのツールとして、日常生活に簡単に取り入れられる風水を書きたいと思っていました。2014年にそれがかない、今回で3冊目となりました。

「風水」と聞くと、皆様方角をしっかり守らなきゃ効果がない、西に黄色を置けばお金持ちになるんでしょ?とイメージする方が多いと思います。

残念ながら方角をしっかり守って、西に黄色を置いても人生がうまくいき、お金持ちになることはないでしょう。なぜならば真の風水というのは、自身の気を整えるために環境をほどこすという意識が大切なのです。

「環境だけ整えればいい」という考えでは運はめぐってきません。

私たちの生命を維持する気の循環は、口から入ってお尻から出ます。「ちくわ」

にたとえるとわかりやすいでしょう。そのため、呼吸のための空気、空間、息をかわしあう対人、発される言霊《ことだま》、着る物、飲む水や食事を良い方向へ導くことで、気の循環を良くします。

つまり、私たちの生活に欠かせない「衣、食、住」をコーディネートするものが風水なのです。本書ではそれらを基に「やったほうがイイ風水」と題して方角や間取りにこだわりすぎず、難しい印象の風水をもっとライトに効果的に導くように仕立てました。

風水の効果は本当にあるの?と思われるかもしれません。即日にあらわれる人もいれば、だいたい3か月から半年で何かしらの良い導きがあったということも聞いています。効果がない場合は、自分自身の感情・執着の精査や、部屋にさらに改善できる部分がないかどうかを見直してみましょう。

愛新覚羅ゆうはん

もくじ
CONTENTS

イテムで金運アップ／排水口がキレイなら判断力&金運アップ／新しいお湯で悪い気を流す／ボトルはラックに収納／入浴で厄を落として安眠／湯船で温まりパワーアップ／乾いた髪に良運が訪れる／ナチュラルカラーでリラックス

Part 5

キッチン・ダイニング

68

清潔なまな板は、家族の健康のキホン／食品ストックは気の流れに合わせて収納／非常時の保存食は最低必要な分だけ／生ゴミのないキレイなシンクで金運アップ／気を考えた家電の配置でケンカ知らず／冷凍庫を整理して金運を呼び込む／角に丸みのあるテーブルで家族だんらん／使った食器はすぐ洗う／冷蔵庫の表面はキレイに保つ／財布はキッチン以外の場所に／ゴミ箱のフタを閉める／食器やスポンジをキレイに保つ／赤系のツールで楽しく料理／油汚れはすぐに拭き取る／古い食品はスッキリ処分／包丁は扉の収納スペースへ／欠けた食器は感謝して捨てる／冷蔵庫の中の掃除と整理／ベージュのクロスを使う／キッチンマットを清潔に／食卓の上をキレイに保つ／レシピ本や雑誌を片づける／食器の力で食材の力を高める

Part 6

リビング

88

光を取り入れ、太陽のパワーを吸収する／空気を入れ替えて、良運を呼び込もう／自然素材の物を置き、陽の気をアップ／ぬいぐるみをしまうと出会い運アップ／明るい色のカーテンが全体運をアップ／顔の描かれた絵画や写真は3枚までに／スッキリキレイな床や机が良い縁を呼ぶ／脱いだ服はすぐ片づける／テレビ画面はツヤツヤに保つ／キレイな窓から良い気が入る／清潔なソファで心地良く／トロフィーや賞状を掃除する／親しい人との写真を飾る／ケジメある生活が成功のカギ／畳は覆わず、そのまま使う／ソファをドアから離して／円満家庭に観葉植物あり

Part 7

寝室

104

光をとおすカーテンで明るい朝を迎える／空気を入れ替え、良い気で寝室を満たす／テレビは別の部屋に置き、良縁ゲット／仕事に使うカバンは寝室以外の場所に／インテリアは最小限に絞り、休息の空間に／清潔な枕やシーツに良い気がたっぷり／寝室の床が清潔なら強運体質になる／北枕にして強運を育てる／やわらかな色の寝具が

やったほうがイイ風水をやる前に

ゆうはん流風水はここが違う！

風水の起源は中国の黄河文明からあったといわれる「環境学」であり学問です。しかし、紀元前に中国で発祥したものが現代の21世紀に果たして通用するのであろうか?と私は長く研究を重ねてきました。

講座に来てくださった方から、ときに、「ゆうはんさんは風水をどこで学んだのですか?」と聞かれることがあります。実は、どこかの協会に所属してるでも学校で学んできたでもなく、小さいころから親に教えてもらった帝王学みたいなものです。

「ここにこれを置いたらお金が貯まりませんよ」

「ここにはこれを置くと良い人脈が増えるのよ」

など、母、子、孫と代々教育の中で培われてきた生活の知恵みたいなものなのです。現代の中国ではさまざまな革命後、占い・風水は国民をまやかすものとして淘汰《とうた》されてきましたが、このような教育での伝承と、学問としての研究で残ったものを私なりにアレンジを致しました。

風水が運気を上げる理由

風水と聞くと「陰陽《いんよう》五行《ごぎょう》説」が大変有名ですね。

「木」「火」「土」「金《ごん》」「水」

この五つは万物をつかさどる要素として代表的です。これらを私は「気質」として風水に取り入れています。「気」は目に見えない自

伝統的な陰陽五行説の相関図

然の波長のようなものと捉えています。

しかし、日本の五行と、中国の五行では土地が変われば人も変わるわけで、7000年も経った今ではさまざまな天災地震などで地球も成長し、磁場も龍脈にも僅《わず》かながら変化があるのだと思います。そこで、私は日本の各地に旅行をしながら、土集め、水集めをしました。

各地の風を感じ、土に触れ、水を飲むことでわかったのは、日本は五行の中でも「水」が美しい磁場を持っているということです。そのため、日本に合う、日本人に合う風水というのを独自にあみだしたのです。

季節の物を食べる、その土地の物をいただく、体調が悪くなったら故郷に帰って養生するなど、自分の生まれたところの「気」に合うところを自然と人間は選んでいくことで、運気を活性化させていると感じています。

さらに「衣・食・住」と「心（感情）・動（行動）・術（仕事）」が合わさることで、魂の軸が仕上がるとも私は考えていて、それを最短で取り入れられる学問の1つが「風水」と捉えています。

Part 1

ENTRANCE

玄関

風水あるある

門と玄関が一直線になっていると凶…

建て替えるなんてムリ！

風水あるある

東南の玄関は大吉…

玄関の場所を変えるなんてムリ！

風水あるある

振り子時計を置いて気の流れを作る…

振り子時計なんか持ってないムリ！

かんたんにできる**やったほうがイイ風水**は次のページから←

Part 1

ENTRANCE

玄関

すべての運気が舞い込む玄関。
キレイをキープし幸運を呼び込もう。

やったほうがイイ風水 Lucky《ラッキー》7《7》はこれ！

No.1

傘はしっかり乾かしてから傘立てに

P14

邪気がとどまる原因になるので水気は厳禁。傘立ては外に置くのがベスト。

No.2

たたきには１足だけお気に入りの靴を

P15

ステキな出会いや新しい人脈を引き寄せます。余分な靴は汚れを落とし靴箱へ。

No.3

郵便物やカバンを置かずいつもスッキリと

P16

キレイな玄関には良い気がめぐります。物はあるべき場所に戻しましょう。

★No.4

換気をしっかりして邪気をシャットアウト

P17

湿気は邪気を呼ぶので、良い気が入って来づらくなります。ドアを開けて換気を。

☆No.5

P18

明るいイメージの玄関に幸運が舞い込む

明るい照明をつけたり、華やかなマットを敷いたりして良い気が集まる空間に。

☆No.6

P19

良い香りの玄関にすっと良い気が流れ込む

生花やアロマオイルの自然な香りが気の流れを促し、良い気が家に循環します。

★No.7

玄関マットが悪い気をキャッチ

P20

清潔な玄関マットは悪い気を吸い取り、良い気だけを家に送り込みます。

ラッキー7 Lucky7

玄関 No.1

濡れた傘はよく乾燥させて、邪気を払う

ひー
Good!
湿気がたまる
傘立てに
粗塩を入れて

湿気や水がたまると、悪い気がたまりやすくなり、病気や運気ダウンにつながります。特に雨水は、天から落ちてきた物で、空気の汚れを含んでいるので、家に入れる前によく払って、乾かしてから傘立てにしまうようにしてください。

傘立てに水がたまってしまったときは、晴れた日に乾燥させましょう。できれば傘立ては外に置きたいものですが、中に置く場合は安定感のある白い陶器製の物がオススメです。

また、ぎゅうぎゅうの傘立ても整頓し、1人1本までと決めて、家族の人数分のみに。骨の折れた傘や雨水がもる傘などは早めに処分しましょう。

ラッキー7 Lucky7

玄関 No.2

お気に入りの1足が招くうれしい出会い

わ〜い
わ〜い
Good!
お気に入りの
1足は右端に
置くと吉

たたきに靴が散らばっていませんか？　散らばっていなくても、何足も出ていると邪気がたまりやすくなり、良い運気がシャットアウトされてしまいます。外を歩いてきた靴には外の世界の汚れがついているためです。また訪れるはずの良い出会いを、踏みつけてしまうことになるのでやめましょう。

良い出会いや仕事に役立つ人脈がほしいなら、たたきに置くのは、見ているだけでもテンションがアップするお気に入りの靴1足だけに。ほかの靴は汚れを落とし、湿気を飛ばしてから靴箱にしまいましょう。靴箱も湿気やニオイがこもるので、乾燥剤や脱臭剤を置き、換気を心がけて。

ラッキー7 Lucky7

玄関 No.3

スッキリ清潔な玄関に良い気が舞い込む

玄関は、その家の印象を決める場所です。お客様が訪れたとき、ゴミ袋やたくさんの靴があったり、靴箱の上にも郵便物や新聞が放置されていたりしたらどうでしょう? 仲良くなりたくないと思われても仕方がありませんね。運気も同じです。

良い運気は、余計な物がなく、スッキリ片づいた玄関にたくさん入ってきます。運気の通り道ができているためです。

物が散乱していると、重々しい気が立ち込めて、気の流れを止めてしまうばかりか、不運を呼び込んでしまうことも。そうならないように物は決まった置き場所に収め、いつも片づけておくように心がけましょう。

ラッキー7 Lucky7

玄関 No.4

湿気のないすがすがしい玄関に良運あり

ドアや窓を開けっ放しにしにくい集合住宅や、留守にすることが多い家では玄関がジトッとしがちに。湿気や水気は運気を停滞させるので、家にいるときは玄関のドアと、家中の窓を開けて風を通すようにしましょう。

季節や天気によって、なかなか湿気がとれないときは、扇風機をまわしたり、空気清浄機や除湿剤を利用したりするのも一案です。

雨の日に履いた靴も湿気の原因に。帰宅したらすぐに新聞紙を靴の中に押し込み、中の水分を吸収させます。さらに外側も新聞紙で包み、一晩置いて、晴れた日によく乾かしてからしまいます。濡れた靴をたたきにずっと置いておくのは厳禁です。

ラッキー7 Lucky7

玄関 No.5

良い気は明るく温かみのある玄関が好き

丸く明るいライトが仕事運や金運をアップさせる

風水的に理想なのは、自然の光が降り注ぎ、風通しが良く、余計な物が置かれていない玄関です。玄関に窓がない場合は、照明を利用して明るくするのでもＯＫです。照明は丸みのある物にすると金運もアップします。照明を替えられない、置く場所がないという場合は、光をイメージする写真やポストカードで代用しても構いません。光を拡散する働きのある鏡を置くのも効果的です。

明るく華やかな生花を飾ったり、玄関マットやスリッパ、小物などを明るい色の物にしたりするのもオススメです。小物は2～3個にとどめ、ホコリがたまらないように気をつけましょう。

ラッキー7
Lucky7

玄関
No.6

香りで気の流れをスムーズに

Good!
生花の代わりにアロマや芳香剤を置いてもOK

草花のエキスを集めたアロマオイルは植物の気を持っていて、その成分や香りには空間を浄化する働きがあります。生花を玄関に置くと良いのもそのため。風水では香りはとても大切で、自然の香りは、気の流れを促し、家中に良い気を循環させてくれます。反対にドアを開けたとき、ムッとするようなニオイがしたら、悪い気が充満する気配だと覚えておくと良いかもしれません。ドアや靴箱を開けて、しばらく換気をしましょう。

　生花やアロマオイルなどを扱い慣れない場合は、芳香剤で代用しても構いません。香りは苦手、という場合は、香りを感じさせる写真やポストカードなどを置くだけでもＯＫです。

ラッキー7
Lucky7

玄関 No.7

玄関マットで外からの悪い気をブロック

Good!
幸運を引き寄せるためにマットをふみふみ
踏んでっ

清潔な玄関マットは、外からの汚れや悪い気を吸い込んでくれるので、家の中に良い気だけを取り込むことができます。一番良いのは綿や麻など天然素材で作られた物。玄関の雰囲気を明るく保つために、明るい色合いの物を選んでみて。季節に合わせてデザインを変えるのもオススメです。

また、玄関マットは定期的に洗濯して、常に清潔にしておくことが大切です。汚れていると、本来吸い込んでブロックできるはずの悪い気ばかりを家の中に入れてしまい、良い気が入ってこなくなるので、敷きっ放しでずっと洗濯していないことのないよう気をつけてください。

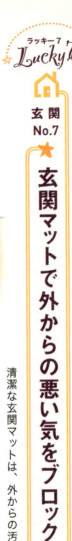

Power up

1 古い靴を捨てて風通しアップ

古い靴や、履かない靴を持っていると、悪い気がこもり、良い気が入らなくなります。靴箱がぎゅうぎゅう詰めになっているのもNG。悪い気が靴箱の中に充満して、玄関へ、そして家の中へと流れてゆくので、1～2年履いていない靴は処分しましょう。

Power up

2 季節に合わせて靴も衣替え

1年中玄関に冬用のブーツが出しっ放しなど、季節はずれの物が身のまわりにあると、生活に季節感がなくなり、TPOに合った装いや振る舞いができなくなりがち。服と同じように靴も衣替えをして、季節のアイテムを玄関に置くようにすると良運が集まります。

Power up

3 靴箱には靴とケア道具を収納

靴箱は、靴をしまっておく場所です。バッグや庭仕事の道具など、靴と関係のない物は入れないようにしましょう。外を歩いてきた靴についた悪い気が移り、運気ダウンにつながるためです。靴箱には靴と、靴のお手入れ道具など靴関連の物だけでまとめてください。

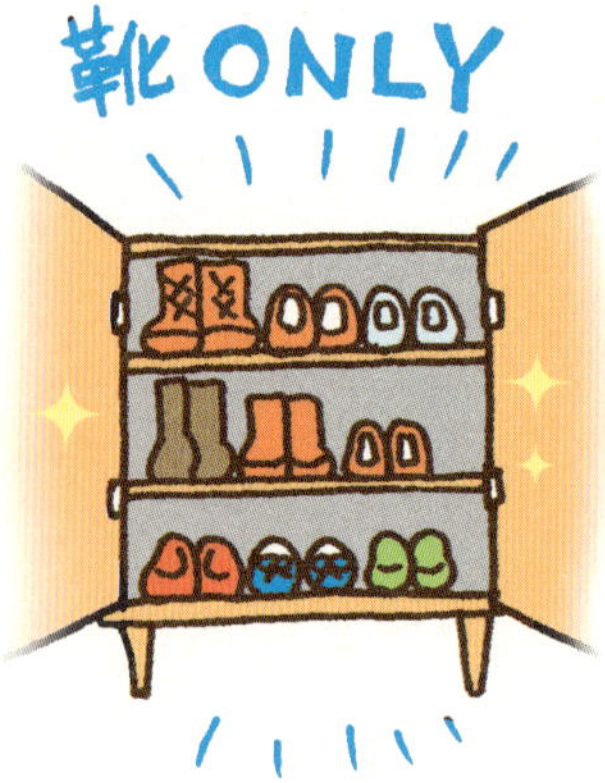

Power up

4 ゴミのない玄関に福来たる

ゴミは悪い気のかたまりです。ゴミでいっぱいになった袋を、運気の入り口である玄関に置いておくと悪い気が充満し、良い気が入る道をふさいでしまいます。ゴミをまとめたら後まわしにせず即、捨てに行きましょう。古い雑誌や新聞なども置きっ放しは厳禁です。

Power up

5 遊びの道具は定位置に戻そう

ゴルフバッグやテニスラケットなど趣味の道具を玄関に置くと、運気が仕事より遊び中心に偏り、金運もダウン。すべての運気は玄関から入るので、遊びの運気を吸った気が家中を流れるためです。使った物は玄関に置かず、いつも定位置に戻すようにしましょう。

Power up

6 キラキラアイテムで気を浄化

玄関は運気の入り口。明るく輝く物が良運を呼ぶので、周囲を明るく照らすライトや光を反射増幅させる水晶などの天然石のクラスターを1つか2つ置くのもオススメです。靴箱の上など床以外の場所に置けば、良い気で家を満たします。

Power up

7 生花のパワーで幸せが満ちる

生花は気を浄化し、飾るだけで家を良い気で満たします。その際に大切なことは水を汚れたままにしないこと。まめに取り替えましょう。生花が難しいという場合は、花をイメージさせる写真や物を置くだけでもOK。

Power up

8 対面の窓の間にはつい立てを

玄関の正面に窓があると、良い気が入ってもまっすぐ外へ出てしまうので、窓の前につい立てや観葉植物などを置きましょう。さらに女性ならマリア様や天使の置物やポストカードを置き、男性ならカーテンをベージュやイエローにすると運気アップ。

Power up

9 角のない鏡で良い気を拡散

鏡は気を広げたり、パワーアップさせたりする力があります。特に角のない鏡は良い気だけを広げる作用があります。ただしくもっていては逆に運気が下がるので、いつもピカピカに磨いておきましょう。ライトの光を拡散し、玄関を明るくする効果もあります。

Power up

10 顔写真や人形は玄関から移動

玄関に人の写真やぬいぐるみなどを置いておくと、良い気が入ってきても吸い取られ、家の中に入ってこなくなってしまいます。もともとより人の写真、家族写真などは玄関に置かないでください。写っている人や住んでいる人に災いが降りかかることもあります。

Power up

11 ダンボールは処分するか別の部屋に

ダンボールは湿気を吸いやすく、少し放置しておくとジットリしてきます。湿気、水気は悪い気を含むので、湿気を帯びたダンボールが邪気を発生するようになります。こうなると良い気を招き入れるべき玄関が、悪い気をためて、それが徐々に家の中にも漂っていくことに。そして次第に仕事運だけでなく、健康運、恋愛運などあらゆる運気がダウンしてしまいます。

不要なダンボールは、指定の回収日に従ってできるだけ早く処分しましょう。また、読み終えて束にしてある新聞や雑誌も同様に湿気や水気を含みやすく、悪い気をためますのですぐに処分できるようにしましょう。

Power up

12 ホコリは落として玄関に入ろう

ホコリは悪い気を発生させる代表格。ホコリには花粉などさまざまなアレルゲンも含まれ、運気がダウンするうえに病気にもなりやすくなるので要注意です。乾燥する時期は静電気でコートにホコリが多くつきます。玄関に入る前に、外でついたホコリ＝悪い気を家に持ち込まないよう、コートやジャケットのホコリを払ってから玄関に入りましょう。

日本の訪問のマナーでは玄関の外でコートを脱ぎ、裏地を表にしてたたんで持つという習慣があります。これはまさにコートについた外の汚れを訪問先のお宅に持ち込まないという気遣いです。スマートなマナーを覚えておきたいものです。

Part 2

TOILET

トイレ

風水あるある

北のトイレは健康運ダウン…

トイレの方角を変えるなんてムリ!

風水あるある

玄関や寝室のそばにあると凶…

間取りを変えるのはムリ!

風水あるある

空気清浄器を置くと運気アップ…

かんたんにできる
やったほうがイイ風水は
次のページから←

Part 2

TOILET

トイレ

**風が抜けるよく磨かれたトイレなら
いつもパワフル、金運にも恵まれます。**

やったほうがイイ風水 Lucky7《ラッキー7》はこれ！

No.1
こまめな換気で悪い気にグッバイ P32

悪い気を発生させるニオイは窓を開け、換気扇フル活用で追い出しましょう。

No.2
ニオイも悪い気も外にもらすべからず P33

便器のフタを開けっ放しにせずピッタリ閉めるだけで、運気アップしてきます。

No.3
緑色の物を置くと元気をもらえる P34

木を象徴する「緑色」は、陰の空間であるトイレを陽に変え健康をバックアップ。

No.4
読書やメールはトイレの外で楽しもう P35

トイレは排泄物を流す場所。読書やメールは居間や書斎で行い、健康キープ。

★No.5

P36

陰の気がたまるトイレに暖色で陽の気を迎える

水を扱うトイレは陰の気が強いので暖色系の写真でバランスを取りましょう。

☆No.6

P37

観葉植物や良い香りが空気をリフレッシュ

汚れとニオイで悪い気が発生しがち。観葉植物に邪気を浄化してもらいましょう。

★No.7

P38

トイレマットとスリッパが邪気を吸い取る用心棒に

トイレの湿気を吸収し、良い気に変えるマットとスリッパ。必須アイテムです。

ラッキー7 Lucky7

トイレ No.1

換気でニオイを断てば運気アップ

Good!

キラキラしたアイテムを置くと幸せが舞い込む

排泄物を処理するトイレにはニオイが付き物です。そのニオイこそが悪い気となり運気をダウンさせる原因になります。ニオイをためないためには、こまめな掃除はもちろんですが、窓を開けて風通しを良くすることが大切です。風通しを良くしただけで、金運や不動産運がぐっと上がるということも少なくありません。

集合住宅などで窓がない場合は、気の通り道がないため、悪い気が一層たまりやすくなりがち。換気扇を長めにまわしたり、気づいたときにまわしたりすると効果的です。同時にガラス製のアイテムなど光る物を置けば、良い気が集まり、換気の効果もアップします。

ラッキー7 Lucky7

トイレ No.2

臭気も邪気も便座のフタでシャット！

パタン
閉
Good!
定期的にトイレ掃除もすると金運アップ

排泄物を受ける便器は悪い気が出やすい場所です。ほんの少し掃除を怠るだけでも立ちのぼる悪臭＝悪い気と考えればわかりやすいかもしれません。悪臭と同様に悪い気はシャットアウトしたいので、トイレを使用した後は必ず便座のフタを閉めて、悪い気が流れ出ないようにしましょう。フタを開けっ放しにしておくと、悪い気がトイレの中に充満して体調を崩しやすくなったり、仕事がうまくいかなくなったりといった運気ダウンにつながります。また、トイレのフタだけでなく、トイレのドアも開けっ放しにしておくと、悪い気がほかの場所にまで流れ込んでしまうので要注意です。

ラッキー7
Lucky7

トイレ
No.3

緑色の物を置くと健康運が上昇

空気の浄化には観葉植物を置くことで大きな効果が期待できます。また、植物以外にも緑色の物はトイレに置くのに相性が良いのでオススメです。

陰と陽の関係から見るとトイレは常に水があるので「陰」。反対に木を表す緑色は「陽」と考えられています。そのため緑のアイテムを置くことで陰の気を陽に変え、特に健康運をアップしてくれます。

たとえばサニタリーボックスやお掃除アイテムに緑色の物を選んでも良いでしょう。タオルや便座マットを緑色にするのもOK。花や葉の模様があしらわれている物もオススメです。

Good!
木のシンボル
緑色はリラックス
効果もある

ラッキー7 Lucky7

トイレ

トイレ No.4

読書やメールはトイレの外でゆっくりと

Good!

陰の気の強いトイレに長居は禁物

トイレは排泄物を出して流すのが目的の場所です。陰の気が強い場所に長居をすれば、それだけ陰の気を吸収してしまうので、滞在時間は短いほうが良いのです。トイレの中に本やマンガを置いて読みながらのんびり用を足すという人もいますが、運気ダウンにつながりますのでやめましょう。そもそも紙は湿気を帯びやすいので、書籍を持ち込むのは悪い気をためることになってしまいます。

また、携帯電話でメールを打つのもいけません。陰の気が働き、対人関係がうまくいかなくなることも少なくありません。恋人との関係がこじれることも。メールも読書もトイレ以外の場所でゆっくりどうぞ。

ラッキー7
Lucky7

トイレ
No.5

花や自然の写真が陰を陽に変換

Good!

暖色は
心も和やかに
体もぽかぽか

トイレは常に水がたまっていて、排泄の場所でもあることから、悪い気=陰の気が強くなりがちです。トイレの気がよどんでしまうと、お金や健康運に悪影響が及ぶ心配があるので、陽の気をプラスしてバランスを整えましょう。すぐにできるのが、暖色系の花や風景の写真を飾ることです。コスモスやバラ、ガーベラなど赤やピンク、オレンジなどの花の写真、紅葉や朝日、果物がいっぱいのマーケットの風景もオススメ。

また、写真を飾るときは、フォトフレームに入れて壁にかけましょう。ホコリは悪い気を集めるので、こまめに掃除することを忘れずに。

ラッキー7
Lucky7

トイレ
No.6

観葉植物や良い香りで空気を浄化

うっとり…
Good!
柑橘系じゃない
香りが特に
おすすめです

トイレは家族の健康や金運をつかさどる大切な場所です。しかしその反面汚れやすく、臭気がこもりやすいので、悪い気が集まりやすい場所でもあります。悪い気をためないためにはこまめな掃除が必要なのですが、それにプラスして空気を浄化してくれる観葉植物を置きましょう。日が当たらなくても育つ耐陰性で、丸みのある葉を持つグリーンをオススメします。生花や、グリーン系でもサボテンは避けましょう。

また気の流れを促し、悪い気がたまらないようにしてくれる芳香剤やアロマスティックもトイレと相性が良いアイテム。ニオイを取ってくれる消臭効果のある物がベストです。

ラッキー7 Lucky7

トイレ No.7

マットとスリッパはトイレの重鎮

Good!
トイレマットはあなたを守る用心棒

トイレにたまりやすい湿気は陰の気をもたらす原因の1つ。性質上、下のほうへ下りていく湿気を吸収し、良い気に変えてくれるのがマットとスリッパです。マットやスリッパを置いていなければ、利用する人が悪い気を吸収してしまうので、体調を崩しやすくなっていきます。足もとを温かく保ってくれるという意味でも、寒さが苦手な人や冷え症の人には利用価値大のアイテムですね。

トイレのマットやスリッパは少なくとも1週間に1回は洗いましょう。汚れていては逆に悪い気を発するようになります。洗うときは大さじ1杯の粗塩を洗剤と混ぜ、日に当ててよく乾燥させてください。

Power up

① 赤いグッズでパワーアップ

陰の気を持つトイレには、陰の気を相殺する緑色のグッズを置くと健康運がアップすると書きました。そしてもう１つ「火」のシンボルである赤も、陽の気を発生させて陰と陽のバランスを整えます。特に上半身の健康をつかさどり、脳や心臓の働きを良好にします。

Power up

② 丸いシールで浪費をブロック

トイレが家の中心か、中心に近い位置にあると浪費が増えたり、疲れやすくなったりすることがあります。それを防ぐにはこまめな掃除や換気のほか、便器のフタの真ん中に黄色や金色の丸いシールを貼る方法があります。黄色、金色のシールが金運を強めてくれます。

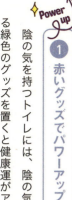

Power up

3 マットは場所ごとに用意

ワンルームなどのトイレと浴槽、あるいは洗面所など1枚のマットで済みそうな場所でも、それぞれ分けたほうがベター。各場所で備わっている運気が異なるためです。特に洗面台は女性の美容や健康運を左右するので、トイレの邪気が移らないよう注意しましょう。

Power up

4 トイレの雑貨を転用しない

トイレで使っているタオル、置いている植物や雑貨、かけている写真などは陰の気を吸収しています。トイレ以外の場所でそのまま使うと陰の気が伝染してしまいます。使いたい場合は、風通しの良いベランダに1日置いて、陰の気を中和して使いましょう。

Power up

5 掃除してキレイをキープ

悪い気がたまる原因の1つはニオイにあります。トイレのニオイは尿のアンモニアなどが原因なので、便器やその周辺をこまめに掃除して清潔を保つだけで、ニオイの発生は抑えられます。備長炭など脱臭効果のある物を置くのも良いでしょう。

Power up

6 シンプル・イズ・ベスト

小物やマンガなど、いろいろな物をそろえたトイレは、にぎやかで明るい雰囲気のように思えますが、実は運気が低下しがち。ホコリがたまって悪い気が発生しやすいためです。風水のためには、温かみがありながらシンプルな内装を心がけましょう。

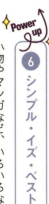

風水あるある

南の洗面所は運気ダウン…

洗面所の場所を
変えるなんて
ムリ!

風水あるある

花や鉢植えを置くと運気アップ…

洗面所は清潔に
使いたいから
ムリ!

風水あるある
白い洗濯機が良い気を呼ぶ…
黒いのを買っちゃったからムリ！
そんな風水ムリー！
かんたんにできるやったほうがイイ風水は次のページから←

Part 3

WASHROOM

洗面所

良い気が満ちるクリーンな洗面所がデキる男&モテる女を育てます。

やったほうがイイ風水 Lucky 7《ラッキー７》はこれ！

☆No.1

P46

くもりのない鏡を使うと自分の良さが見えてくる

鏡は運気アップにつながる強力なツール。家中の鏡を磨いて仕事も恋もゲット！

☆No.2

P47

ホコリがつきにくい陶器で洗面所に良い気を保つ

ホコリは悪い気のもと。掃除しやすい陶器やプラスチックの小物を使いましょう。

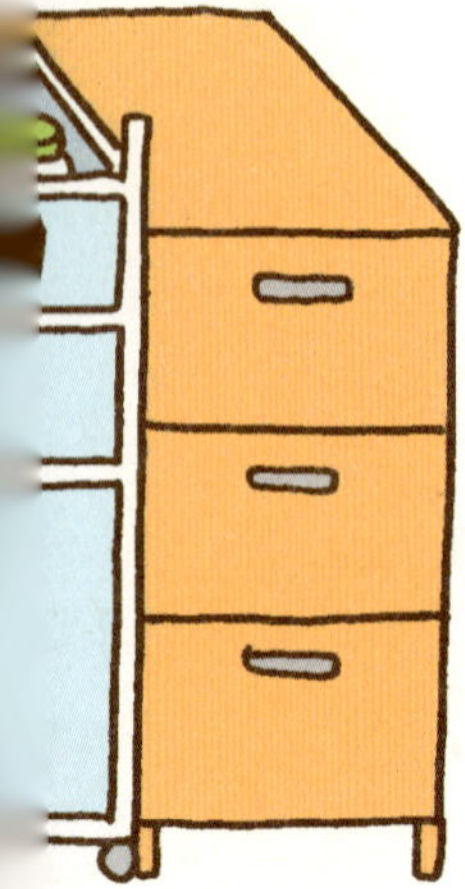

☆No.3

P48

ヘアケアグッズはほかの物と分けて収納

髪は悪い気を含んでいるので、ブラシなどとスキンケア用品は別々に置くこと。

★No.4

P49

**汚れをサッと拭く習慣で
ラクラク美人度アップ**

汚れは放置するほど落ちにくくなるので
使ったらすぐ拭く習慣をつけましょう。

☆No.5

P50

**マイコップを使うと
良い出会いがめぐり来る**

歯ブラシや歯磨き用のコップは家族でも
1人1セットずつ用意しましょう。

☆No.6

P51

**排水口をキレイにすると
心の迷いもスッキリ**

排水口の汚れは、悪い気を生むので、
掃除をして、さらに塩水でおきよめを。

★No.7

P52

**セクシー度を上げるなら
メイクは自分の部屋で**

洗面所は汚れを落とす場所。メイクは自分
の部屋ですると性的な魅力がアップ。

ラッキー7 Lucky7

洗面所 No.1

ピカピカな鏡が美男美女を作る

うっとり…♡
Good!
鏡を磨けば心とお肌が美しくなる
ピカピカ

鏡は自分を見つめて、身なりを整える物。また運気をぐっとアップさせてくれるパワーを持っています。キレイに磨かれた鏡を使っていると、自然と背筋がすっと伸びて姿勢が良くなり、外見とともに心も見直すことができます。また、家中の鏡を磨くと、美容面にプラスに働いて、お肌がプルプルツヤツヤになるともいわれています。

ところが水アカや脂、歯磨き粉の泡などがついて汚れているとパワーが発揮されないばかりか、悪い気を発するようになってしまいます。美容運に大きく作用するだけに、鏡を見たら、乾いた布で拭くなどこまめにお手入れをする習慣をつけましょう。

ラッキー7
Lucky7

洗面所
No.2

陶器やプラスチックの器でホコリカット

洗面台の周囲に置く器や雑貨は、陶器やプラスチック素材の物がオススメです。風水ではカビやホコリによって悪い気が発生し、運気を下げる原因になります。そのため、汚れたらすぐ拭いたり、洗ったりできる素材の物を使うのが良い気を保つポイント。運気アップにはガラス製品も良いでしょう。

小物を収納するために、籐《とう》や竹など天然素材で作られたカゴを使っていることもあると思います。天然素材の物は見た目がナチュラルでインテリア的にはステキですが、編み目にホコリがたまりやすかったり、湿気を含みやすかったりして風水的にはあまりオススメできません。

Good!

定期的にお水ですすいであげて清潔をキープ

洗面所

ラッキー7
Lucky7

洗面所
No.3

ケアグッズは体の部分ごとに定位置に

整理されている洗面台でも、気の流れに合っていない置き方をしていると悪い気がたまりやすくなります。一番気をつけたいのが、ヘアケアグッズの扱い方。もともと髪の毛には悪い気がたまるので、髪の毛がからんだブラシやクシ、ピン、ヘアバンドなどはまとめて収納するのがオススメです。また、髪を振ったりいじったりすると周囲に陰の気を振りまくことになるので、長い髪の人は1つにまとめるか、できるだけ触らないように心がけると良いでしょう。

そのほか顔のスキンケア用品、ボディーケア用品など使う部分に合わせて分類して置くことで、気の流れがスムーズになります。

ラッキー7 Lucky7

洗面所 No.4

使用後のサッとひと拭きで美人度アップ

手を洗ったり歯を磨いたりで、洗面台は水や石けんカスなどがつきやすいものです。これを放置すると、ぬめりからカビが発生し、邪気となって運気を下げ、美容や健康に悪影響を与えます。また、カビが生えると、こすっても落ちにくく、落ちても再発生しやすくなるなど悪循環になりがち。

これを防ぐには、使ったらすぐ拭くことが大切です。洗面台や洗面ボウル、蛇口の水滴、鏡に飛び散る水滴などを、ティッシュペーパーや、洗濯をする前のタオルなどでサッと拭いてしまいましょう。ついでに水道の本体やレバーなどもピカピカに磨いておくと美容運がアップします。

ラッキー7
Lucky7

洗面所
No.5

マイ歯ブラシとマイコップで良縁をゲット

Good!
運はわけあわず
1人にひとつ
運を独占！

歯ブラシは家族の人数分だけ用意しましょう。1人で2本、3本と複数使っていると、良い運気が本数分に分散されてしまい、良い出会いを逃すことになってしまいます。また、歯ブラシは定期的に買い替えるのがベター。買い替えるベストタイミングは月初めです。

歯ブラシは1本ずつ持っているけれど、歯磨き用のコップは共有しているという家庭は少なくありません。家族だし、置き場もないという話も聞かれますが、コップを使いまわすと、ほかの人の悪い気をもらってしまうことがあります。小さめの物で良いので、歯ブラシと同様にコップも人数分用意することをオススメします。

塩水で排水口と心をデトックス

塩水を流す前に
重曹をかけておくと
お掃除効果大

排水口の入り口は、抜け毛や石けんカスなどがたまり、ドロドロの汚れがつきやすい部分。こうした汚れからニオイが立ち上り、悪い気を発生させて運気を下げたり、気持ちを迷わせたりする原因になります。古い歯ブラシで掃除できる範囲はときどき洗うようにし、汚れをためないようにしましょう。

手が届かない部分に関しては、塩水でおきよめをすることをオススメします。粗塩をひとつまみコップの水に入れてかき混ぜ、これを排水口の部分にゆっくり円を描くように振りかけるのです。こうすることで排水口がきよめられ、物事の決断ができたり、願い事をかなえる準備につながったりします。

ラッキー7
Lucky7

洗面所
No.7

自分の部屋でメイクすると美容運が上昇

Good!
できるだけ
陽のあたる部屋で
メイクしよう

洗面台で顔を洗い、スキンケアをした流れでそのままメイクもしている、という人がいるようです。でも人気運、美容運をアップさせたいなら、日当たりの良い部屋でメイクすることをオススメします。ドレッサーがあるとより効果的です。

洗面台でメイクをするのは風水では運気ダウンにつながると考えられています。なぜなら洗面台は汚れを落とす「水」の性質を持つ場所であり、一方メイクは「火」の性質を持つためです。水は火を消してしまうので、女性なら女性らしさ、男性なら男性らしさが抑えられてしまうのです。洗面台の周囲にメイク道具を置いておくのもNGです。

Power up

1 美肌は清潔なメイク道具で

メイク道具はこまめに掃除して使いましょう。ファンデーションで汚れたパフやビューラー、パウダーがついたブラシを使っていると悪い気を顔につけているのと同じことになります。汚れは拭き取り、洗える物は洗って清潔にし、定期的に買い替えましょう。

Power up

2 新鮮な化粧品でツヤ肌に

使わなくなったまま放置してある化粧品や乳液、口紅などのアイテムは処分しましょう。古くなった物は悪い気を出すようになり、美容運を下げてしまいます。フレッシュな化粧品からは良い気を吸収できるので肌の調子もアップ。若々しさもキープできます。

Part 4

BATHROOM

お風呂

風水あるある

北東にお風呂があるのはNG…

お風呂の場所を変えるのはムリ！

風水あるある

窓がなく、ジメジメしていると凶…

窓を新しく作るなんてムリ！

風水あるある

ひのきのバスタブがオススメ…

かんたんにできるやったほうがイイ風水は次のページから←

Part 4
BATHROOM

お風呂

心身をきよめる場をキレイにしてお金も美貌も思いのまま。

やったほうがイイ風水 ラッキー7 Lucky7 はこれ！

No.1

P58

シェイバーなど刃物は使うときだけ持ち込む

刃物は健康運や人間関係を左右するので、バスルームに置きっ放しはやめましょう。

No.2

P59

カラッとしたバスルームに良い気がめぐる

掃除と乾燥を心がけ、心身を浄化するバスルームは良い気で満たしましょう。

No.3

P60

良い香りや小物でバスタイムをハッピーに

湿気のせいで漂う陰の力を、明るい色の小物や香りで居心地の良い陽の場所に。

★No.4

P61

タオルの色を統一して夢を実現！

色を統一すると気の流れが安定するので
かなえたいことに気が向かっていきます。

☆No.5

P62

清潔なタオルが悪い気を取り除く

入浴後、最後に厄を吸い取ってくれるタオル。
何日も使わず、清潔な物を使いましょう。

☆No.6

P63

おしゃれなバスルームにお金が寄ってくる

小物にこだわってセンス良くバスルームを
コーディネート。金運もアップします。

★No.7

P64

キレイな排水口が悪い気を遠ざける

排水口ネットで汚れをキャッチ。
悪い気をためず、トラブル知らずに。

ラッキー7 Lucky7

お風呂 No.1

気を乱す刃物は使うときだけ持ち込む

使うとき
だけね♡
Good!
刃物以外の
金物もできるだけ
持ち込まない

バスルームで使用する物は、常に手もとに置いておきたい、という気持ちは誰にもあります。でも、風水では小物類は最低限の量に保ち、整理されているのが理想です。特にシェイバーなどの刃物の扱いには気をつけてください。刃物は健康運に影響するので、極力置きっ放しにはせず、置くなら刃の部分に安全カバーをしておきましょう。

また刃物は本来「切る」物ですから、良い運、仕事や出会いに関する縁を切ってしまうことに。片想いばかりでつらい、恋人にふられた、コンペで負けてしまった、など何となく「ついていない」ということが続くときは、刃物の扱い方を振り返ってみて。

ラッキー7 Lucky7

お風呂 No.2

しっかり換気をして良い気の流れをキープ

OPEN
Good!
水気を拭き取る
ひと手間で
健康運アップ

日々の疲れや汚れを流すバスルームは心身を浄化する場所です。とはいえ水を扱うので、湿気がたまりやすい場所でもあります。湿気を放置しておくと、病気を引き起こすカビの原因になるだけでなく、気が停滞してしまい、良い気が流れにくくなります。

バスルームを清潔に保つには水気と汚れをためないことが一番。窓があれば常に開けっ放しの状態にして通気を心がけ、換気扇だけの場合はバスルーム内の乾燥具合を見ながら、長めにかけるようにしましょう。またその日最後に使用した人は、シャワーで石けんカスや皮脂を流し、余分な水滴を拭き取るようにすると、汚れもカビも防ぎやすくなります。

ラッキー７ Lucky7

お風呂 No.3

色や香りでハッピーなバスルームが吉

毎日水を使うバスルームは、湿気がこもりやすく、陰の力が強くなりがち。陰の力が強いと気の流れが悪くなりやすいので、陽の力をプラスして陰陽のバランスを取るようにすると幸せが訪れるようになります。

まずはバスルームの電気を明るくしたり、シャワーカーテンをピンクやオレンジなど暖色系の物にしたりすると良いでしょう。温かみがあって楽しい気分になれるバスルームが、使う人の健康運や美容運をアップさせてくれます。入浴中にリラックスできるように浴槽に好きなアロマオイルをお湯に数滴たらして香りを漂わせたりするのもオススメ。入浴剤でもＯＫです。

ラッキー7
Lucky7

お風呂
No.4

タオルの柄や色をそろえて願いを実現

Good!
陰の気が強い
黒や灰色は避け
暖色系で明るく

バスルームで使うフェイスタオルやバスタオル、ウォッシュタオルなどのデザインや色をそろえると、仕事運や恋愛運がぐんぐん上昇します。彩りに統一感を持たせることで気の流れが安定してくるためです。

どんな色を選べば良いかというと、出世を願ったり勝負ごとで勝利を狙うなら強いエネルギーをイメージする赤。何事も健康第一と考えるなら緑や白で観葉植物や花の模様をあしらった物などが良いでしょう。また良い人とめぐり合いたい、好きな人と両想いになりたい、プロポーズしてもらいたいなど恋愛成就を願うならラベンダーやピンク、そして金運ならアイボリーやベージュがオススメです。

ラッキー7
Lucky 7

お風呂
No.5

キレイなタオルやバスマットで開運

スッキリ
NEW
Good!
柔軟剤で
ふっかふかな
タオルにしよう

フェイスタオルやバスタオルは洗濯した清潔な物を使うようにしましょう。「入浴後に水分を拭くだけだから」と何日も同じタオルを使っていると運気ダウンにつながります。目に見えなくても汚れはついているので、こまめに洗濯するようにしましょう。

ボディータオルの扱いも注意が必要です。洗うたびに汚れが染み込むので、長い間使用していると、汚れを落とすつもりが、逆に邪気を体にこすりつけることになってしまいます。おおよそ3か月が交換の目安。

バスルームを出るときに水分を取ってくれるバスマットも常に清潔に。定期的に洗濯しましょう。

お風呂 No.6

センスの良い厳選アイテムで金運アップ

S
C
Body
SOAP
Good!
お金に好かれる
洗練された
バスルームに

泡立てスポンジやヘアケア製品のサンプルなど、使わない物があったら片づけることをオススメします。ごちゃごちゃしていると悪い気がたまって金運ダウンにつながります。整頓したら、ソープディッシュやシャンプーボトルをおしゃれなデザインの物に統一してみましょう。センスの良いバスルームを使うとお金まわりもワンランクアップします。

「試してみたけど合わなくて使わなくなった」などと、たまりがちになるのが洗顔フォームやボディーソープ。2か月以上使っていない物があったら処分しましょう。使わない物にはカビやぬめり、水アカがたまって健康運、美容運ダウンにつながります。

ラッキー7 Lucky7

お風呂 No.7

排水口がキレイなら判断力&金運アップ

Good!
定期的に排水口に粗塩を溶いた水を流そう

排水口は皮脂をはじめ、髪の毛、石けんカスなどの汚れが一番たまるところです。汚れはニオイや詰まりの原因になり、悪い気を発生させ、判断力をにぶらせます。

ふだんからこまめに排水口から髪の毛を取り除き、古い歯ブラシなどで洗ってキレイにしましょう。お掃除の手間を軽くするには、排水口の入り口に髪の毛やゴミをキャッチする排水口ネットをかぶせ、ネットが汚れたらまるごと取り替えるという方法もあります。その場合も、水の流れが悪くなったら掃除をしてください。流れが悪いままにしておくとお金の流れが悪くなり、金銭トラブルにつながる恐れが。

Power up

1 新しいお湯で悪い気を流す

浴槽のお湯を取っておいて翌日もう1回入るのは健康運を下げる原因に。人が浸かったお湯には老廃物や悪い気が溶け込んでいるためです。新しいお湯を入れ直して入り、1日の邪気をきよめて英気を養いましょう。やむを得ず残り湯に入る場合は粗塩を少し入れて。

Power up

2 ボトルはラックに収納

シャンプーやボディーソープなどのボトルは、ラックなどに収納しましょう。床にじかに置いておくとボトルの底が乾燥しにくく、ぬめりやカビがつきやすくなり、悪い気を発生させます。中身がたれたり、ホコリがついたら、洗う習慣をつけましょう。

Power up

③ 入浴で厄を落として安眠

1日の疲れを癒し、元気を取り戻すために毎日入浴しましょう。入浴は、昔からみそぎと同様に厄を洗い流すものとされてきました。特にイヤなことがあった日は、その日に洗い流すことで、不運を断ち切ることができます。

Power up

④ 湯船で温まりパワーアップ

バスタイムは、シャワーだけより湯船に浸かることをオススメします。体が温まり、血液の循環が良くなって疲れが取れるのと同時に邪気も落とすことができます。また毛穴が開くので体の老廃物も排出できて、お肌もキレイな状態をキープできます。

Power up

5 乾いた髪に良運が訪れる

髪の毛はもともと邪気がたまりやすいので、1日の厄を落とす意味でも、夜入浴して洗うのがオススメです。しかし髪が濡れていると、逆にその水分に悪い気が集まりやすくなってしまうので、入浴後はドライヤーでしっかり根元まで乾かしてから寝るようにしましょう。

Power up

6 ナチュラルカラーでリラックス

バスルームに置くシャンプーボトルや小物、収納アイテムは、白やベージュ、薄いグリーンといった清潔感のある物をオススメします。陰の気を発しやすい黒いアイテムは避けて。また液だれしたり、水アカがついたらすぐ洗い、カビが生えないように注意して。

Part 5

KITCHEN
DINING

キッチン・ダイニング

風水あるある

南西のキッチンを使うと体調を崩す…

キッチンの場所を変えるなんてムリ！

風水あるある

コンロの火口が奇数だと運気アップ…

作りつけで2口だからムリ！

風水あるある

2匹の鯉の絵を飾って家族運アップ…

インテリアから浮きすぎるから**ムリ!**

かんたんにできる
やったほうがイイ風水は
次のページから←

Part 5

KITCHEN
DINING

キッチン・ダイニング

「火」と「水」の気を調和させ、ケンカ知らずで家庭円満。

やったほうがイイ風水 ラッキー《ラッキー》7 Lucky7 はこれ！

No.1

P72

キレイなまな板で家族の健康を守る

まな板を使ったらキレイに洗い、除菌、乾燥を。1年で買い替えて健康運アップ。

No.2

P73

買い置きの食材は「気」に適した場所に収納

シンクの下には鍋やミネラルウォーターを。油や調味料はコンロの下が最適。

No.3

P74

災害時のための保存食は3日～1週間分だけ

備えは1人につき3日間分。棚の上のほうに定位置を決め、定期的に入れ替えを。

★No.4

P75

ピカピカ清潔なシンクで金運がアップ

汚れやニオイは悪い気のもと。シンク内の生ゴミや水アカ、水滴は手早く処理。

☆No.5

P76

家電の配置も気の流れを考えて

冷蔵庫とレンジを重ねるなら木の板をはさむ。工夫１つで気の衝突を防止。

☆No.6

P77

冷蔵＆冷凍庫はお金が増える金庫

水の性質を持つ冷蔵庫はお金を増やします。内容物を整理して良い気を招きます。

★No.7

P78

家庭円満の秘訣は角が丸いテーブル

角があるテーブルには布のクロスをかけて使えば、和やかなダイニングに。

清潔なまな板は、家族の健康のキホン

ゴシ
ゴシ
うっとり
Good!
定期的に除菌すると風邪をひきにくくなる！

毎日の調理で、食材を直接置くまな板は、家族の健康のキホンになるので、いつも清潔にしておきましょう。食品用のアルコールや熱湯をかけ、こまめな除菌を心がけます。日光に当てて乾燥させるのも効果的。

汚れたまな板を使っていると、食品に雑菌がついて不衛生になるだけでなく、食材が持つ良い気を失わせてしまいます。また古いまな板は、健康運をダウンさせるので、できれば1年に一度は買い替えるようにしましょう。

食材によってまな板シートを使い分けたりするのもオススメ。清潔なキッチンをキープするためにも、まずは毎日使う汚れやすいグッズから意識してみましょう。

ラッキー7 Lucky7

キッチン・ダイニング No.2

食品ストックは気の流れに合わせて収納

キチンとキッチン
Good!
置き場所の
気を意識して
良い気を呼ぶ

調味料や乾物、レトルト製品は棚や食品ストッカーに入れて、ダイニングやキッチンはできるだけスッキリした状態にしておくのが良い気を呼び込むポイントです。物が多くてしまえない、買ってきたまま片づけていないなどで床に置いていたりすると、「火」の性質を持つ食品が、「陰」の性質を持つ床に力を吸い取られてしまいます。またホコリも積もって、気の流れが滞るように。

「火」の性質を持つ油や調味料などはコンロの下に置くなど、食品をしまう場所も気を意識すると吉。常に水を使うシンクの下には鍋などの調理器具のほか、ミネラルウォーターなどの収納に合っています。

ラッキー7 Lucky7

キッチン・ダイニング No.3

非常時の保存食は最低必要な分だけ

災害時など万が一の場合の保存食の備えは大切です。1人あたり最低3日間～1週間分用意できると安心です。缶詰類、カップラーメン、乾物などバランスを考慮して、持ち出し袋などに入る程度に収めておきます。できれば陰の気がたまりにくい棚の上のほうを定位置に決めて、すぐに持ち出せるように覚えておくことも大切です。

保存食は買ったら置いておくだけでなく、定期的に賞味期限などを確認して、万が一のときも安心して食べられる物を備えておきましょう。ためこみすぎると古くなった食品から悪い気が発生するようになり、健康運に悪影響を与えるようになります。

生ゴミのないキレイなシンクで金運アップ

生ゴミはすぐにポイ!
Good!
ビニールを2重にして捨てるとなおよし!

料理や食器洗いの後、三角コーナーや排水口のゴミ受けに残った生ゴミはこまめに捨てましょう。生ゴミは小さなビニール袋に入れ、口をしばってフタ付きのゴミ箱へ捨てて。生ゴミを長い間放置しておくと、イヤなニオイやカビの原因になり、悪い気を発生させるので、金運がダウンすることに。

ゴミを処理したら、三角コーナーや、排水口の菊割れゴム、ゴミ受けカゴ、排水口カバーなどを洗剤で洗っておきましょう。週に1回程度の割合で酸素系漂白剤につけ置きすると清潔を保てて、掃除も苦にならなくなります。シンクも中性洗剤で洗い、水で流し、雑巾で水気を拭き取っておけば完ぺきです。

ラッキー7
Lucky7

キッチン・ダイニング
No.5

気を考えた家電の配置でケンカ知らず

キッチンには「水」と「火」の気を持つ家電が同居しています。２つの気がぶつからないように配置をすることで、恋人や夫婦、家族との衝突も減らすことができます。

「水」の気を持つのはシンクや冷蔵庫、そして「火」は電子レンジやコンロ。水と火の家電を隣に置いたり、上下に重ねたりすると反発し合い、悪い気が発生してしまいます。

シンクの横に冷蔵庫、コンロの横には電子レンジやトースターといった並びが理想的。シンクとコンロが接したシステムキッチンの場合は間に小さな観葉植物を置きましょう。冷蔵庫の上にトースターを置きたいときは、間に木の板をはさむことで気が中和されます。

ラッキー7 Lucky7

キッチン・ダイニング No.6

冷凍庫を整理して金運を呼び込む

Good!

無駄遣いが多い人は冷蔵庫が汚い

冷凍庫の中が整理されてスッキリしていると、金運がどんどんめぐってきます。食べ物は「金」の気、冷凍庫は「水」の気を持っていて、金は水によって増えると考えられているためです。

ところが賞味期限切れの食品、作り置きを冷凍した物などが長い間置かれていると、悪い気が発生し金運を下げてしまうので、浪費ぐせがついたり、金銭トラブルに巻き込まれるといった危険も。

冷凍庫に入れてある物は賞味期限を確認し、整理をしましょう。またこれから保存する物は肉や魚、野菜など素材そのものだけにして、必ず日付を入れて冷凍しましょう。

ラッキー7 Lucky7

キッチン・ダイニング No.7

角に丸みのあるテーブルで家族だんらん

角丸テーブル
Good!
円卓やオーバルの形もとっても良いね！

ダイニングテーブルは角が丸くなっている物を使うと、家庭円満、カップルの仲もうまくいきます。風水で「角」は角が立つと考えられ、人間関係のギクシャクを招きがち。角のあるテーブルを使用しているなら、布製のテーブルクロスをかけて角を隠して使えば大丈夫。ビニール製のクロスはかえって気を乱してしまうので避けるのがベター。

なごやかな雰囲気で食事を楽しめるダイニングにしたいなら明るい色合いの木製のテーブルを選ぶと良いでしょう。ダイニングとキッチンが分かれていない空間なら、木製のテーブルが、乱れやすいキッチンの気を中和して、前向きなエネルギーに変えてくれます。

Power up

1 使った食器はすぐ洗う

食後の調理器具や汚れた食器は早めに洗いましょう。汚れた物がシンクに置いてあると、悪い気が立ち上り、ムダな出費が増えたり、体を壊したりしやすくなります。水切りカゴに入れたままも良くありません。水気を拭き、定位置に戻しましょう。

Power up

2 冷蔵庫の表面はキレイに保つ

冷蔵庫の扉はスッキリさせておくのが良い気をめぐらせるポイント。物を冷やす目的の冷蔵庫をそれ以外の用途で使うのは気が乱れる原因に。メモや予定表、写真などを貼ると物事がうまくいかなくなったり、写真に写っている人との仲が冷えてしまったりも。

Power up

③ 財布はキッチン以外の場所に

外から帰ってきて無意識に財布をキッチンに置くという人はやめましょう。キッチンは「火」の性質を持つのに対し、財布は「金」。火は金を溶かす力があるので、お金との縁が薄くなってしまいます。お金のほか時計や貴金属などもキッチン以外の場所に保管を。

Power up

④ ゴミ箱のフタを閉める

生ゴミを捨てるキッチンのゴミ箱は必ずフタを閉め、ニオイがもれないようにします。フタがないゴミ箱の場合はゴミ袋の口を結ぶようにして、早めに集積場に捨てに行きましょう。ゴミのニオイは悪い気そのもの。金運、健康運を下げるので気をつけて。

Power up
5 食器やスポンジをキレイに保つ

風水では金運の気は「土」から生まれると考えられています。食事は「金」、食器（陶器）は「土」の性質を持つので、食器は大切に扱いたいものです。食器を洗うスポンジも定期的に交換し、キレイな物で食器を洗いましょう。ワンランク上の生活が手に入ります。

Power up
6 赤系のツールで楽しく料理

火と水が合わさって気が乱れがちなキッチンは、赤やオレンジなど暖色系のツールを置いて陽の気を高めると、良い気がまわりやすくなります。気持ちも明るくなり料理も楽しくなることうけ合い。反対に黒は気を停滞させてしまうので、買い足すなら赤系を選んで。

Power up

7 油汚れはすぐに拭き取る

調理が終わったら、コンロの油汚れをさっと一拭きする習慣をつけましょう。油汚れはそのままにしておくと固まって取りづらくなり、悪い気を引き寄せる温床に。空気が停滞すると運気がダウンしてしまうので、換気扇も定期的に掃除を。

Power up

8 古い食品はスッキリ処分

賞味期限が切れた食品は処分しましょう。古くなった物から出る悪い気が、ほかの食品の良い気を失わせ、健康に悪影響を及ぼします。賞味期限が近い物があったら棚や冷蔵庫の手前のほうに置き、早めに使い切るようにすればムダにせずに済みます。

Power up

9 包丁は扉の収納スペースへ

包丁はシンクの扉裏など定位置にしまいましょう。刃物は「切る」気を持つので、刃が出ていると良い運や縁、お金との縁も切れてしまいがち。人間関係に悩む人は、刃物の置場を見直してください。キッチンバサミなども扉裏や引き出しに入れるのがベターです。

Power up

10 欠けた食器は感謝して捨てる

欠けた食器は自分に降りかかる不運を肩代わりしてくれたと考え、感謝して処分しましょう。使い続けるとケガの原因になるだけでなく、悪い気によって人間関係にヒビが入るということも。1年以上使っていない食器も処分するか、箱に入れ、押し入れにしまいます。

Power up

11 冷蔵庫の中の掃除と整理

冷蔵庫の中は定期的に掃除をして清潔を心がけましょう。中の物を移動しながらトレーを拭いて、不要な物が奥のほうに転がっていないか、液だれしていないかなどをチェック。汚れた冷蔵庫はカビやニオイを発し、健康・金運を下げるので要注意です。

Power up

12 ベージュのクロスを使う

家族が集まり、食事や団らんを楽しむダイニングは家庭運をアップするベージュのクロスを使うと良いでしょう。さらにオレンジや赤の暖色系をプラスすると、恋愛運も良くなり、良い出会いに恵まれたり、パートナーとの関係がさらに良くなったりも。

Power up

13 キッチンマットを清潔に

キッチンマットは悪い気を吸収してくれるだけでなく、足もとを冷えから守ってくれる大切なアイテム。家庭運をアップするベージュやオレンジなど暖色系がオススメ。キレイな状態をキープするためにこまめに洗濯を。汚れていると運気が下がります。

Power up

14 食卓の上をキレイに保つ

ダイニングは家族が集まって、食事をしたり会話をしたりして元気を吸収するところ。特にテーブルはエネルギーのもとになる食べ物をのせて食べる場所です。常にキレイに保って良い気を流れるようにしておくと、健康でいられて、お金にも困りません。

キッチン・ダイニング

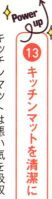

Power up

15 レシピ本や雑誌を片づける

「今度作ってみよう」とレシピが紹介されている雑誌や新聞の切り抜きをキッチンの床に積み上げておいたり、冷蔵庫の扉に貼ったりしていませんか？　キッチンは、水を扱う「水」の気と、コンロや電化製品など「火」の気が強いので、紙類を置いておくのはオススメできません。

そもそも食事を料理する場は、常に清潔な環境に整えておきたいもの。ホコリがたまって舞い上がりやすい紙類は、キッチン以外の場所の本棚などに収納しておき、必要なときだけ利用するようにしましょう。冷蔵庫の扉にもあれこれ貼ると、開け閉めのときにホコリが舞い散るので避けましょう。

Power up

16 食器の力で食材の力を高める

自然の恵みである食べ物をいただく食器は、木製の箸や、陶器の器などを使いましょう。特に器は、陶器がオススメ。食は「金」の気を持ち、陶器は「土」の気を持つため。土は金を育てる性質があり、食材の持つ力を高めてくれるのです。食からのエネルギーを十分に体に取り込むことで、物事の土台がしっかりしてきます。パートナーや家族、会社の人間関係などの絆《きずな》が安定してくるはず。

外で買った惣菜をそのままテーブルに並べるのはNGです。プラスチックケースからお皿に移し替えて食べるだけで運気をアップさせることができるので、ひと手間を惜しまないで。

Part 6

LIVING

リビング

風水あるある

置いて出会い運アップ…東に固定電話を

回線のジャックが西側にしかないからムリ！

風水あるある

トイレとリビングが近いと凶…

もう作っちゃったからムリ！

風水あるある

北東にレンガで棚を作って運気アップ…

レンガなんて部屋に合わないから**ムリ!**

かんたんにできる
やったほうがイイ風水は
次のページから←

Part 6

LIVING

リビング

明るい光と新鮮な空気に満ちた部屋に
うれしいニュースが舞い込みます。

やったほうがイイ風水 Lucky7《ラッキー7》はこれ！

No.1

太陽の光を浴びて すべての運気を底上げ

P92

太陽の光を取り込み、部屋を陽のエネルギーで満たすと出会い運もアップ。

No.2

扉や窓を開けて 新鮮な気を循環させる

P93

1日1回は家中の扉や窓を開け、空気を入れ替え、身も心もリフレッシュ。

No.3

自然素材のアイテムが 陽の気をアップ

P94

土から育った木や綿などの素材が気を浄化し、居心地の良い空間を作ります。

No.4

ぬいぐるみを片づけて 良いご縁を呼び込む

P95

人形類を見えない場所にしまうと運気が高まり、念願の出会いに恵まれます。

☆No.5

明るい色のカーテンで輝く未来をキャッチ P96

カーテンは部屋に気をめぐらせ、住む人の前向きな活躍を後押ししてくれます。

☆No.6

P97

好きなアイドルの写真やポスターは3枚までに

写っている人物が良運を吸収してしまうので、良い気は自分がもらいましょう。

★No.7

キレイな床や机にご縁がやってくる P98

住む人の心を映す床やテーブル。整理されていると家庭・出会い運アップ。

ラッキー7 Lucky7

リビング No.1

光を取り入れ、太陽のパワーを吸収する

Good!
明るい光に満ちた
リビングで
出会い運アップ

風水では光は太陽のエネルギーであり、明るい光に満たされた部屋には良い気があふれていると考えます。特に朝日や午前中の日差しが取り込めると、家庭運、恋愛運、金運などすべての運が強くなります。実際、太陽の光には体内時計をリセットする効果もあります。リビングのカーテンを開けて、1日のエネルギーをチャージして出かけましょう。集合住宅などで光が入りにくいときは、明るい照明で代用して明るい部屋を演出して。

日の光が強すぎて、まぶしかったり暑すぎたりすると、意見の対立を招いたり、浪費をしやすくなったりするので、カーテンで調節しましょう。

ラッキー7 Lucky7

リビング No.2

空気を入れ替えて、良運を呼び込もう

Good!

窓の近くに
扇風機を置くと
循環力アップ

密閉された部屋で、空気がムッとするような感じを受けることはありませんか？ それは循環できていない空気がたまってよどんでいる状態です。空気がよどんでいると、運気が停滞し、悪い気を発するようになるので、空気の循環を心がけましょう。良い気を含む新鮮な空気を取り込むことで、健康運や仕事運、恋愛運が上がっていきます。

空気をキレイに保つには、最低1日1回家中の扉や窓を開けて換気をしたいものです。できれば陽のパワーが強い朝〜午前中の換気をオススメします。風通しが良くない場合は、扇風機やサーキュレーターで風を流すようにすると良いでしょう。

ラッキー7 Lucky7

リビング No.3

自然素材の物を置き、陽の気をアップ

Good!
透明やスケルトン素材もできるだけ減らそう

リビングは1日の疲れを癒し、エネルギーをチャージする場所。陰の気を陽の気に変える力が強い天然素材の物を置いて、気持ちの良い空間を作りましょう。

たとえばテーブルはガラス素材の物よりも木製の物を、ラグも化学繊維の物よりも綿や麻などの物をオススメします。ソファやクッションも、革製よりも、やはり綿などのファブリック製でまとめると心地良い空間になります。

メタリックな家具でそろえた部屋はスタイリッシュな雰囲気ではありますが、気が冷えて滞りやすくなり、運気ダウンにつながるので要注意を。

ラッキー7
Lucky7

リビング
No.4

ぬいぐるみをしまうと出会い運アップ

Good!
ぬいぐるみを
減らすことで
異性運アップ

人形やぬいぐるみは、住む人の念や家に入ってきた良い運気を吸収してしまうので、玄関と同様、リビングにも置かないのがベストです。特に出会い運をアップさせたい人は、見えないところにしまうか、洗うなどしてキレイにした後、ほかのゴミとは別の袋に入れて処分するのが良いでしょう。

愛着があって、どうしても飾りたいぬいぐるみがある場合は、小さめの物を1つか2つならOK。置くときは視線が住む人に向かないようにするのがポイント。また、ぬいぐるみはホコリがたまりやすく、ダニが発生するので、定期的に洗って、日光でよく乾かすなどのお手入れも怠らずに。

ラッキー7 Lucky7

リビング No.5

明るい色のカーテンが全体運をアップ

Good!
ラベンダーピンクやミントグリーンがお薦め

カーテンは家に入ってきた良い気が素通りして出てしまうのを防ぎ、室内にめぐらせる働きがあります。部屋を明るい印象にするように、明るめの色を使った軽い素材で光を通す物を選びましょう。気持ちが安定するグリーンや家庭運をアップさせる暖色系などがオススメ。また日中は運気を底上げするためにレースのカーテンにして、やわらかな光を部屋に入れましょう。南や西側からの日差しが強く入るときは日をさえぎるように調整を。

暗い色合いのカーテンや光を完全にシャットしてしまう遮光カーテンは圧迫感があるのでリビングには不向き。陰の気が部屋にたまりがちになるので要注意です。

ラッキー7 Lucky7

リビング No.6

顔の描かれた絵画や写真は3枚までに

Good!
廊下に飾ると
視線の合う頻度は
減る！

好きな芸能人のポスターや写真、人の顔が描かれた絵画を飾る人もいますが、3枚以内に収めるのがベター。人の姿をしている物が多いと、自分が吸収できるはずの運気を吸い取られてしまうためです。また愛情がポスターの人物に向いてしまい、現実の恋愛運がダウンすることも。

何枚も飾りたい場合は、目線が正面を向いていないアングルの物を選ぶようにしてください。視線が合うポスターは住む人を常に監視している状態になるため、リラックスしにくい空間になってしまいます。ポスターや絵画を飾るなら、運気をアップしてくれる花や木など自然を描いた物をオススメします。

ラッキー7 Lucky7

リビング No.7

スッキリキレイな床や机が良い縁を呼ぶ

Good!
夫婦喧嘩や
パートナーとの
いさかいが減る！

リビングは家族がリラックスしたり、人を招いてもてなしたりする空間です。気持ち良く過ごすために、床やテーブルの上に物を置かず、スッキリキレイにしておくことで、家庭運、出会い運がアップ。新聞やゲーム、おもちゃなどが床に置いてあると、ホコリがたまりやすく、掃除しにくいので気がよどみやすくなります。テーブルも同様です。

物が散らかっている状態は、住む人の気が混乱していることを表します。リビングは外で吸収してきた情報を処理し、エネルギーとして体に取り込む空間でもあるので、常に整頓しておくようにするとコミュニケーション能力がアップ。発想も豊かになります。

Power up ① 脱いだ服はすぐ片づける

一度着た服は、洗濯をするか、また着るならクローゼットなどにしまいましょう。服は汗やホコリなどで汚れているので、リビングに放置しておくと悪い気が広がり、家族みんなの運気を下げることに。また見苦しい状態は判断力を低下させてしまいます。

Power up ② テレビ画面はツヤツヤに保つ

テレビは情報や笑いで心をうるおしてくれるアイテムです。良い気を発し、人間関係に実りを与えてくれます。ただ静電気でホコリがたまり、悪い気を出すことも。ホコリに気づいたら拭き取りましょう。放っておくと落ちにくくなるので気をつけて。

Power up

3 キレイな窓から良い気が入る

玄関と同様、大事な気の出入口になっているのが窓です。良い気の流れを促すためにも、窓ガラスや網戸が汚れていたら掃除しましょう。ホコリでベタベタの窓や網戸では、せっかくの良い気のパワーが落ちてしまいます。「ツイてない」と思ったら窓掃除を。

Power up

4 清潔なソファで心地良く

長い時間座って過ごすソファはリビングの中心アイテム。居心地の良いソファは家庭運、恋愛運を高めます。毎日座って汚れもつきやすいので、定期的にクリーニングをしましょう。手アカや汗で汚れたソファは運気ダウンのもとになりかねません。

Power up

5 トロフィーや賞状を掃除する

トロフィーや賞状は努力が人に認められた証《あかし》。キレイにして飾っておくと出世運がアップします。ただし出しっ放しでホコリがついてしまうと、才能がくもってしまいます。トロフィーはよく磨き、賞状を入れた額もこまめに拭き掃除をして開運を目指しましょう。

Power up

6 親しい人との写真を飾る

家族、恋人、友人との写真を飾ると、家庭運、恋愛運、人気運が高まります。家族写真は全員が、笑顔で楽しそうに写っている物がオススメ。家庭円満になり、絆を強くしてくれます。親しくなりたい人との写真を飾ると、関係が深まります。

Power up

7 ケジメある生活が成功のカギ

新聞を読んだりテレビを見たり、おやつを食べたりと思い思いに過ごせるリビング。中には仕事をする人もいるでしょう。ただし、ダラダラ過ごしていると発展運を逃してしまうので、生活と仕事、リラックスタイムなど区切をつけて生活するようにしましょう。

Power up

8 畳は覆わず、そのまま使う

イグサで作られている畳は、陽の気を持ち、浄化作用があります。「木」の性質を持っていて、集中力を高め、勉強運をアップさせる効果も。そのためカーペットやラグで覆わず、そのまま使うのがオススメです。家具の下などに敷きたいなら、部分使いにしましょう。

Power up

9 ソファをドアから離して

ゆったり座ってくつろぐアイテムであるソファは、可能ならリビングのドアから離れたところに置くのがベター。理想はドアの対角線上で、部屋全体を見渡せる場所。ドア正面や、ドアに背を向けて置くと入ってくる気を直接受けることになり、疲れやすくなるためです。

Power up

10 円満家庭に観葉植物あり

インテリアとして何か置きたいときは観葉植物をオススメします。植物には空気を浄化する力があり、ケンカ、悩みの原因となる乱れた気を吸い取ってくれるので、家族が幸せに生活できます。電化製品の近くに置くと気の流れをやわらげる効果もあります。

Part 7

BEDROOM

寝室

風水あるある

北にひょうたんを置いて運気アップ…

ひょうたんなんて買ったことないからムリ！

風水あるある

ドアの真正面にベッドを置かない…

寝室自体が狭くてムリ！

風水あるある

天井の凹凸は気の流れを乱すのでNG…

かんたんにできる
やったほうがイイ風水は
次のページから←

Part 7

BEDROOM

寝室

明日へのパワーを充電する寝室。
気持ち良く休める、清潔な空間作りを。

やったほうがイイ風水 Lucky7《ラッキー7》はこれ！

No.1

P108

朝日が差し込むカーテンで ラッキーな毎日を

良い気を含む朝の光で目覚められるように、薄めのカーテンをかけましょう。

No.2

P109

よどんだ空気を追い出して 良い気で寝室を満たそう

睡眠中に良いパワーを吸収できるように、換気で良い気を取り込んでおきましょう。

No.3

P110

テレビは寝室から追放し 出会い運アップ

テレビなど電子機器を寝室以外の場所へ移すと、良い出会いに恵まれます。

★No.4

P111

仕事のカバンは
寝室以外の場所に置く

仕事運アップのためにカバンは別の部屋に置き、寝室はゆったり休める場所に。

☆No.5

P112

寝室の主役はベッド
インテリアは最小限に

華美なインテリアがあると気が乱れやすく安眠できません。寝室はシンプルに。

☆No.6

P113

清潔な枕やシーツで
よく眠り、運気アップ

天日干しした寝具には陽の気がいっぱい。安眠できて健康運、全体運が高まります。

★No.7

P114

寝室の床が清潔なら
寝ている間に充電完了

ベッドの下は不要品を置かず、布団なら毎日上げ下げすると、安眠できて健康運アップ。

ラッキー7 Lucky7

寝室 No.1

光をとおすカーテンで明るい朝を迎える

Good!
目覚めに良い
暖色のカーテン
がお薦め

朝の太陽は陽のエネルギーにあふれています。その光を受けることで人も植物も良い気をもらい、元気に活動できるのです。また人は太陽の光を感じて目覚めるようになっているので、自然のリズムで健康的な生活を送るためにも、朝日を浴びましょう。そのためにもカーテンは大切で、日が当たったら部屋に光がこぼれる程度の物が良く、遮光カーテンはオススメできません。

遮光カーテンに慣れると、いつも寝室が暗いままなので、生活のリズムが崩れてきます。健康運がダウンし、自律神経も乱れがちに。そうなる前にカーテンを見直して、健康運のアップを心がけましょう。

ラッキー7 Lucky7

寝室 No.2

空気を入れ替え、良い気で寝室を満たす

Good!
定期的に
窓拭きもすると更に
運気アップ

寝室は1日の疲れを癒し、翌日のエネルギーをチャージする場所です。リラックスして眠りにつけると、体の調子も良く、仕事もはかどり、すべての運気がアップします。

良い睡眠環境を整えるポイントの1つは、寝室を良い気で満たしておくこと。人は、1日の3分の1を寝て過ごし、その間に良い気を吸収し、悪い気をはき出します。そのため朝は窓を開けて空気の入れ替えをし、新しい良い気をめぐらせましょう。また人の体温や汗で湿気もこもるので、風を通し、湿気を飛ばす習慣をつけましょう。仕事などで留守にする場合も、陽のエネルギーを取り込むため、朝の換気をしてから出かけるよう心がけて。

ラッキー7
Lucky7

寝室
No.3

テレビは別の部屋に置き、良縁ゲット

Good!
寝る前のスマホを
やめると
出会い運アップ

寝室、特にベッドのそばには、テレビやパソコンなどの電子機器を置かないようにしましょう。間取りの関係で、ほかに置き場がないようなら、寝る前には触らないようにして、上から布をかけてください。そうすると出会い運や仕事運が強くなっていきます。電子機器が身のまわりにあると、電磁波の影響で、運気の代謝が落ちてしまうため、より良い生活を手に入れることが難しくなるのです。良い出会いの機会もなくなってしまいます。

電磁波はその場の空気を乱すため、気持ちが不安定になったり、イライラしやすくなったりも。寝る前もスマホなどの画面を見ていると眠りが浅くなり、体調不良の原因にも。

ラッキー7 Lucky7

寝室 No.4

仕事に使うカバンは寝室以外の場所に

仕事カバン
外
Good!
日ごろの
嫌なことは忘れて
ガッツリ休もう

仕事のカバンは寝室以外の場所に置くようにしてください。寝室に置いておくと、寝ている間も仕事のことが気になって安らかな眠りを取りにくくなります。仕事運を左右するカバンの置き場に最適な場所は、書斎。書斎がない場合はクローゼットの中でもOK。気をつけたいのは、仕事のカバンを遊びやリラクゼーションの気を持つ物と一緒にしないようにすることです。いつも一緒に置いておくと、遊びと仕事の気が混じり、仕事の運気が弱まってしまいます。また一方では、プライベートの時間も仕事が気にかかるようになってしまうことも。目的の異なる気が交わらないように考えると良いでしょう。

寝室
No.5

インテリアは最小限に絞り、休息の空間に

Good!

**休息の場は
ゆるやかな気が
流れる空間に**

寝室は、文字通り寝るための部屋です。一番大切なことは良い睡眠が取れるような落ち着いた部屋にすること。そのため人形や写真立て、趣味の小物、壁の飾りなどは最小限にとどめるのが良いでしょう。いろいろな物が部屋にあると、気が乱れる原因になります。ほかの部屋では良い気をめぐらせる観葉植物も、寝室には合いません。

またタンスやクローゼット、本棚など大きな家具を置くと、気の流れが悪くなり、圧迫感もあるので避けたいものです。できれば主役のベッドのほかは、小さめのタンスやドレッサー程度にとどめ、それ以外は別の部屋に移動することをオススメします。

寝室
No.6

清潔な枕やシーツに良い気がたっぷり

Good!

週1回
寝具を洗って
運気をアップ

しっかり太陽に当てて干したシーツや枕カバーなどは、ほのかに太陽の香りがして気持ちが良いものです。清潔で気持ちが良いことが心身の健康と、運気アップのキホンです。毎日使うタオルなどと同じように、寝具のカバーも週に1回は洗うようにしましょう。洗って、干した物には陽の気がたっぷり含まれています。

人は寝ている間にコップ1杯分の汗をかくといわれているように、寝具には湿気がたまるので、できれば布団やマットレスも天気の良い日には乾燥を心がけてください。また古すぎるベッドや布団は買い替えると良い気が入るようになります。

ラッキー7
Lucky7

寝室
No.7

寝室の床が清潔なら強運体質になる

Good!
床ふき掃除を
たまにすると
金運アップ

ベッドの下は物を置かず、清潔を保ちましょう。あまり生活に必要ない物などをベッドの下に押し込んでいると、不要品やそこにたまったホコリが悪い気を発するようになります。その影響で、質の良い睡眠を取れなくなってしまいます。不要品は処分し、ホコリも掃除機で吸い取りましょう。気の流れを促すことで、寝ている間も良い気を吸収し、運気がアップします。

布団を使っている人は、毎日上げ下げすることで床に湿気がたまるのを防ぐことができます。悪い気を呼び込む湿気を避けるのと、ベッドの場合と同様に良い気の流れを促進することが同時にできます。

Power up

1 北枕にして強運を育てる

地球の磁場に伴って、気の流れは北から南へ流れていると考えられています。そのため頭を北に向けて寝ると磁力が頭から足に流れ、気の流れが促され、血流が良くなり、集中力が高まって全体運がアップ。真北が難しくても、「北」が入っていればOK。

Power up

2 やわらかな色の寝具が吉

癒しとくつろぎの空間には、やわらかい色の寝具がオススメ。気持ちを落ち着かせたい人はパステルグリーン、愛情運を高めたいならピンク、家庭運アップにはオレンジやベージュなどを。逆に避けたいのは気運を上下させやすいストライプやチェックです。

Power up

③ 床には布団とマットレス

フローリングの部屋に布団で寝る場合は、マットレスなどを敷いてから布団を敷くことをオススメします。風水ではフローリングは「地面」であり、直接布団を敷いて寝ると運気が上がりません。畳は陽の気を持つので布団を直接敷いて寝ても良い気を吸収できます。

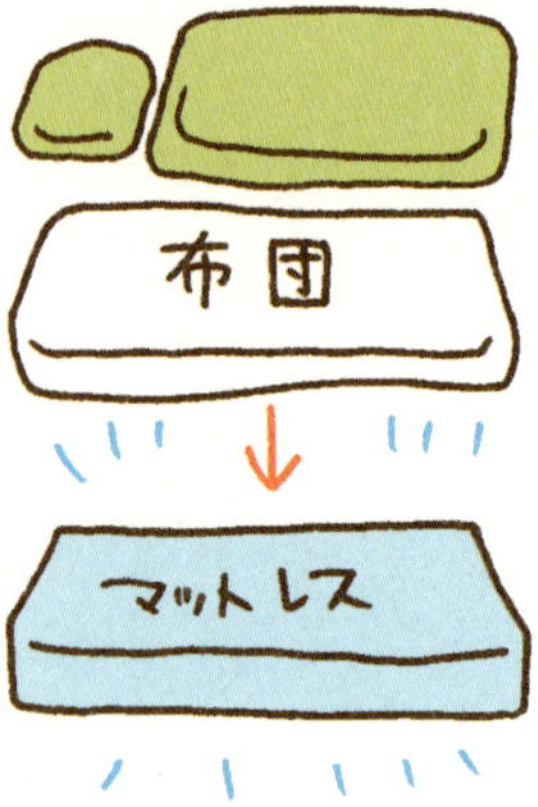

Power up

④ 鏡は布でカバーして

寝室の鏡に寝姿が映る場合は、場所を変えるか、眠っている間は布などで覆うようにしましょう。鏡には光だけでなく人の想いも跳ね返す力があるため、不安を抱えていたり、イライラしたりすると、その思いが強くなり安眠できなくなることもあるので注意してください。

Power up

5 ベッドメイクで出世を狙う

起きたらベッドは整え、布団ならきちんと畳んで1日を始めましょう。窓を開けて空気を入れ替え、寝具を片づけることで休息から活動モードに体のスイッチが入ります。気が浄化されると前向きになり、アイデアも冴えてきて仕事運もアップ。

Power up

6 枕のまわりを片づけて安眠

質の良い眠りが、健康運、仕事運を高めます。睡眠中に頭を休め、良い気を吸収するために枕のまわりは何も置かないようにしましょう。特に寝しなに目を通した仕事の書類などを置いておくと疲れが取れにくくなります。スマホ、タブレットも別の部屋に置いて。

Power up

7 ベッドでは寝るだけにする

朝ベッドメイクをしたら、リビングや書斎、キッチンへ移動し、活動を始めましょう。気がスムーズに入れ替わり、物事がうまく進みます。ベッドの上で携帯をいじったり、本を読んだりして過ごすと気が停滞し、家庭運も、仕事運や恋愛運も下降することに。

Power up

8 スタンド式の照明で快眠

寝室の照明はベッドに備え付けの照明や床に置くスタンド式の物がオススメ。手もとでのオンオフがかんたんなだけでなく、やわらかな光が気を充電する手助けをしてくれます。天井からベッドへ垂れさがるタイプは体に気が刺さると考えられ、良くありません。

Power up

9 フットマットで気を浄化

ベッドに上がり下りする足もとにフットマットを置きましょう。マットの素材は綿や絹、麻などの天然素材が良いでしょう。フットマットは玄関マットと同様に、邪気を吸収してくれるので、体を預けるベッドに悪い気を持ち込まず、気持ち良く休息できます。

Power up

10 布団は押し入れなどにしまう

布団やベッドはもともと夜に使うもの。昼間には昼間のあるべき姿というものがあります。ベッドならベッドメイクされた状態がそれですが、布団はさらにもうひと手間。畳んで押し入れなどの見えない場所に収納することで、さらに良い気を呼ぶことができます。

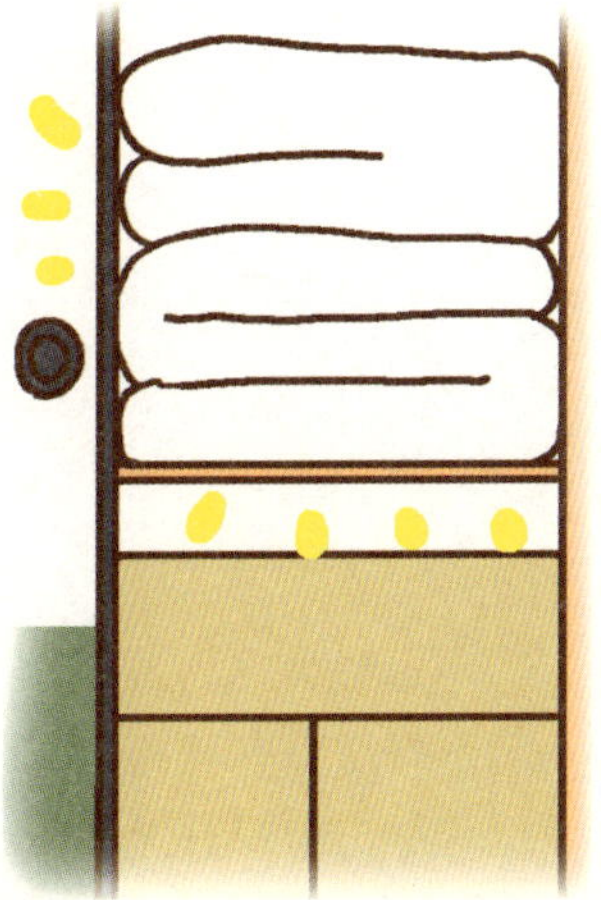

風水あるある

西の収納スペースは金運アップ…

西に収納がないからムリ!

風水あるある

クローゼットは整理して余裕を持たせる…

狭いしほかの場所もないからムリ!

風水あるある

リサイクル品のタンスはNG…

このあいだ
買っちゃった
からムリ！

かんたんにできる
やったほうがイイ風水は
次のページから←

Part 8

CLOSET

収納

スッキリ整ったクローゼットがお金と才能をぐんぐん育てます。

やったほうがイイ風水 Lucky7《ラッキー7》はこれ！

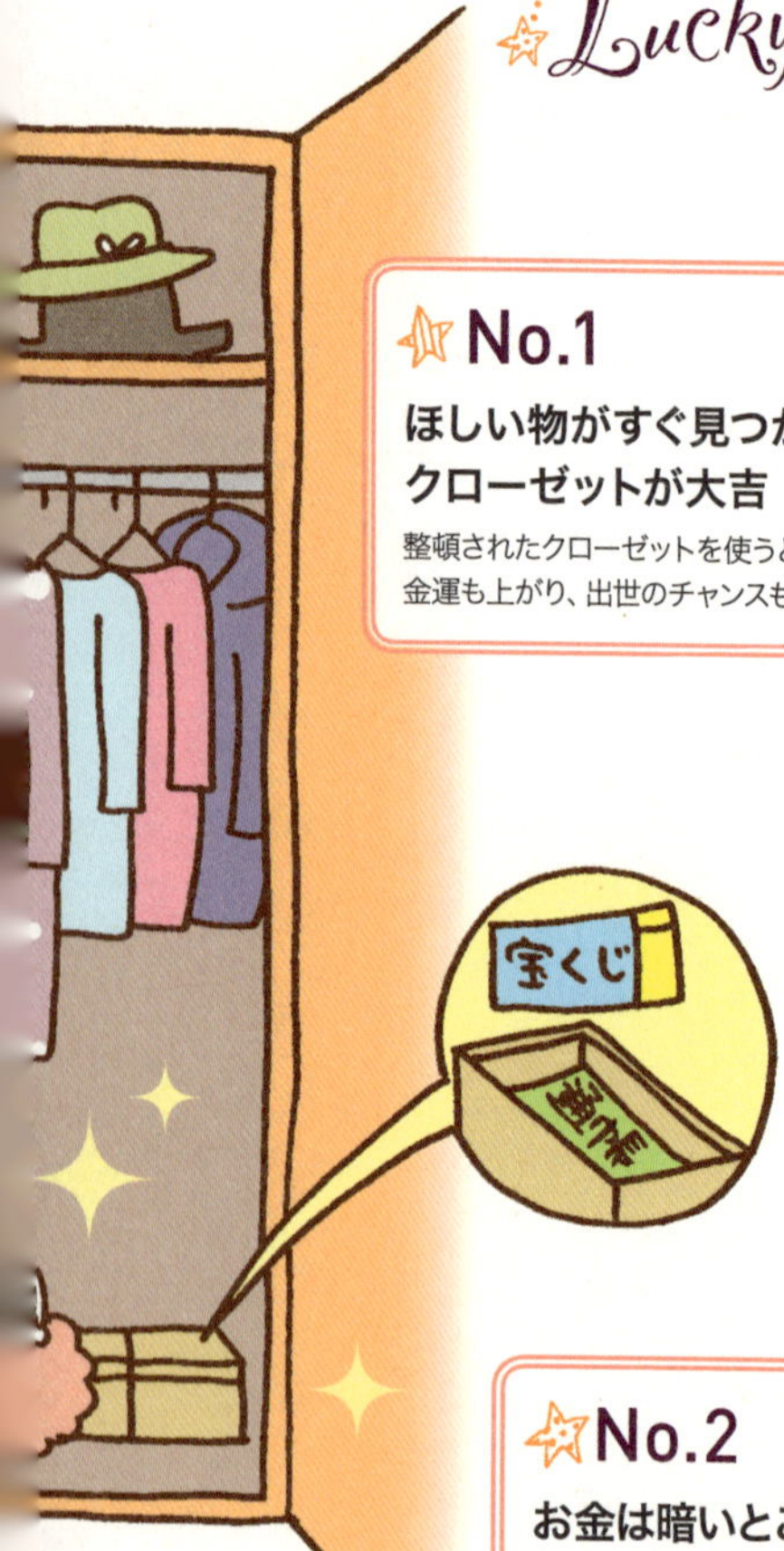

No.1

P124

ほしい物がすぐ見つかるクローゼットが大吉

整頓されたクローゼットを使うと、仕事運も金運も上がり、出世のチャンスも。

No.2

P125

お金は暗いところが大好き 通帳を奥に置いて金運アップ

物を収納し、置いておくクローゼットは、お金をためる場所としても優秀です。

No.3

P126

換気で良い気を入れて お金を増やす環境を作る

悪い気を呼び寄せる湿気はご法度。こまめな換気で、お金の居心地良い環境に。

No.4

P127

布団や洋服は ビニールから出して保管

ビニールをかけたままの布団や衣類は湿気を帯び、悪い気を出すので、外して収納を。

No.5

P128

肌に触れる下着は タンスの上のほうに収納

下着は着る人に強い影響を与えます。
良い気を得るために収納はタンスの上段に。

No.6

P129

古い下着を捨てれば 運気リフレッシュ

新しい下着は着る人を輝かせます。
ツイてないと感じたら下着の総入替えを！

No.7

P130

クローゼットは衣類の場所 靴は靴箱に移動

衣類は良い気も悪い気も吸いやすいので陰の気を持つ靴は靴箱へ移動して。

ラッキー7 Lucky7

収納 No.1

着たい服がすぐ見つかる開運収納

Good!

整理できる人は出世の道もおのずと開ける！

ほしい物がどこにあるかわかり、迷いなく使えるクローゼットが仕事運や金運を強化するカギです。ごちゃごちゃして何が入っているかわからない状態では、判断力がにぶり仕事上での信頼をなくしたり、自分の持ち物を把握できずに同じような服を買って散財したりするようになるからです。

衣類は、コートやトップス、ボトムス、シャツ類などジャンルごとに並べ、帽子やヘアアクセサリーは衣類の上部、バッグ類は衣類の下に入れると収まりが良くなります。

年齢や流行の変化で、着なくなった服が幅をきかせているようなら処分して、新しい気を呼び込むスペースを作りましょう。

ラッキー7
Lucky7

収納
No.2

宝くじや通帳を置いて金運アップ

宝クジ
通帳
OO BANK
Good!
お金は乾燥して暗くて寒いところが大好物

衣類やアクセサリー、小物など身のまわりの物を収納するクローゼットは、さまざまな運気が集まるスペース。整頓して使いやすいスペースにしておくことで、良い運気を呼び込むことができます。呼び込むだけではなく、物をためておく目的を持つクローゼットは、ためて増やすパワーがあるので、金運アップのためには、ぜひ味方につけたい場所。

特にお金は、暗い場所を好み、育つ性質があるので、クローゼットの奥のほうを通帳の定位置にすると良いでしょう。宝くじ、高価なアクセサリーを同様に保管してもOK。逆に通帳や財布を明るいところに置くとお金が出ていきやすくなるので注意してください。

ラッキー7
Lucky7

収納
No.3

こまめに換気をして金運を高めよう

Good!
除湿剤を置いたり
防カビ剤を使って
カビを防止

びっしりと衣類などが収納されたクローゼット、良い気が苦手とする湿気が充満していませんか？　もともとクローゼットは服や小物の出し入れをするとき以外は扉が閉まっているので、通気性が良い場所ではありません。しかも閉めきったままにしておくと、湿気がこもって、悪い気を発するようになり、金運ダウンにつながります。

週に1回は扉を開け放って、クローゼットの中に風を通すようにしてください。また中に防虫剤や湿気取りを置いて、乾燥した状態を保ちましょう。部屋を掃除するついでに、クローゼットの中のホコリを取るようにするのもオススメです。

ラッキー7 Lucky7

収納 No.4

布団や洋服をビニールから出して保管

クリーニングから戻ってきた衣類は、すぐにビニールを外して定位置に収納しましょう。そのまま保管すると湿気がたまりカビや黄ばみの原因になるだけでなく、金運が滞る原因になります。

また来客用にとしまってある布団が、圧縮袋に入ったまま何年も使わずじまいになっているのも、オススメできません。空気が通りにくく湿気がこもる圧縮袋の内部は、ダニの温床になることもあるので、定期的に干してお手入れをする必要があります。そもそもしまいっ放しになるようなら、気の流れを促すためにも、ふだん使いにして活用したほうがベターです。

収納

ラッキー7
Lucky7

収納
No.5

肌にふれる下着はタンスの上のほうに

Good!
最初に
着用するものは
上の段に収納

人は、身につける服や持ち物から良い気も悪い気も吸収します。質の良い服も悪い服も、着る人をふさわしい人物にする傾向があるわけです。こうなりたいというイメージがあるなら、それに合わせた服を着ることで理想に近づくことができます。

衣類の中でも、肌に直接触れる下着類は、着る人に与える気が強いだけでなく、収納場所の気を強く受けるといわれています。そのため、陰の気が強いタンスの下のほうに下着を収納すると、陰に傾きやすくなり運気を下げてしまいます。下着類は、紙やダンボール素材でできた収納ケースに入れて、タンスの上のほうに置きましょう。

ラッキー７
Lucky7

収納 No.6

古い下着を捨てて、気を心機一転

Good!

新しい下着を身につけて人気運アップ

下着は着る人の運気を大きく左右し、古い下着を身につけていると、良い出会いを逃がしてしまうことになりかねません。下着は外から見える物ではないので、気に入っている物は古くても手放しにくいもの。でもそれは運気ダウンに直結します。

下着の替え時は色落ちやゴムの緩みを感じたとき。女性のランジェリーは1年がめどともいわれています。

新しい下着を身につけると周囲に与える印象がアップして、運気が好転することが少なくありません。良い相手を見つけたいのに、なかなかチャンスに恵まれないという人は、一度、下着の総入れ替えをしてみては？

収納

ラッキー7 Lucky7

収納 No.7

クローゼットは衣類の場所、靴は靴箱に

CLOSET
SHOE BOXES
Good!
靴を箱に入れてしまったとしてもダメ！

クローゼットは衣類、小物類などを収納するためのスペースですから、良い気だけが集まるように心がけたいものです。クローゼットに靴を収納している場合は、移動してください。その際もキレイに靴底の土や汚れを落としてから靴用の箱に入れて靴箱やベランダの収納棚に置くのがベストです。

靴は、いろんな人が歩き地面に残した陰の気を吸収しています。そのためクローゼットに靴を入れておくと、陰の気を放って充満させてしまいます。すると、良い気も悪い気も選ばず吸収してしまう衣類に、陰の気が染みついてしまうことになり、着る人の運気をダウンさせることになるのです。

Power up

1 着た服は専用ボックスへ

一度着た服は、汚れや汗がついているのですぐ洗濯をするのがベストですが、すぐには洗えない、もう1回着たいという場合は、「着た服ボックス」を作って収納し、洗えるときに洗いましょう。汚れは悪い気を発するのでほかのキレイな衣類と分けて置くのがカギ。

Power up

2 冬物と夏物を分ける

6月と10月の衣替えのときに季節の衣類の入れ替えをしましょう。夏なのにダウンのコートがかかっていたり、冬なのに夏のシャツなどが混じったりしていると気が乱れて物事がうまく運ばなくなります。収納場所がない場合は左右に分けるだけでもＯＫ。

COLUMN 1

やったほうがイイ風水 × カラー

COLOR

色の持つパワーを利用して風水をパワーアップ!

毎日暮らしていく中で、ことあるごとに選択の機会があるもの。それが色です。今日の服の色、新しく買う家具の色など、さまざまな場面で私たちは色に関する決断をしています。

色には、たとえば赤は太陽を表し、白は神聖な物を表すといった象徴的な意味もあれば、暖色はあたたかみを感じさせ、寒色は冷たさを感じさせる、といった実際的な機能もあります。もちろん方角やアイテムとの組み合わせで風水の力をアップさせる効果だって。代表的なパワーカラーについてどんな効果があるのか、知っておきましょう。

Red 赤

影響力の強い色の中でも、オールマイティに使っていきたいのが赤。自信を高め才能を引き出す効果があるので、勝負運を上げます。また、発展や成長を表す色でもありますので、前に進む力を借りたいときには持ち物などに積極的に取り入れていきましょう。

Green 緑

自然を象徴する緑色は、リラックス効果があり、観葉植物を置くことで取り入れると効果大。リビングに置いて家庭運や健康運をアップさせたり、キッチンでシンクとコンロの間に置いて「火」と「水」の気の安定に使用したりと場面ごとに威力を発揮します。

Yellow 黄

清《しん》朝時代の中国では皇帝しかまとってはいけない色だった黄色。金色と並んで強力な魔封じの色として大きな効果を持っています。家の中心がトイレやクローゼットだったら、黄色か金色の折り紙を1センチ四方に切って天井に貼ると魔除けになります。

Part 9

MONEY

金運

Power up

1 上げたい運気の色 & 素材で選ぶ

お財布はいつも持ち歩く、いわば自分のアイコン。どんなお財布を持つかで運も変わります。お財布は選べるので、自分が強めたい運気を高めてくれるカラーを選んでみてはいかがでしょうか。

たとえば金運、仕事運を良くしたいなら紫やネイビーを。恋愛、結婚運を上げるならピンクやゴールド系で、パール感やエナメル感のある物がオススメ。

素材は本革にしてください。ビニール素材は金運ダウンにつながります。女性ならリボンや花、スタッズのモチーフや、音が出るチャーム、タッセルをつけると良い出会いを引き寄せます。

Power up

2 福を招く買い替えタイミング

お財布を替えるなら、金運に恵まれるラッキー財布を手に入れたいもの。ベストタイミングは、縁起の良い年始や、「張る財布」といわれる春のころ。2月上旬の節分、3月3日の桃の節句、3月下旬の春分の日ならベストです。節分から4月ごろまでの大安吉日を選ぶのも良いでしょう。お札に香りをつけておくと、さらにお金を引き寄せてくれます。

風水では、お財布の寿命は長くて3年といわれています。まだ使えそうでもそれ以上使っている物は金運ダウンの原因になるので買い替えましょう。またカードポケットが破れたり、角がすり切れてきた、表面が汚れてきたときも、買い替えの時期と考えましょう。

Power up

3 お財布を活性化する風水術

新しいお財布は、使う前に活性化させましょう。パワーを得たお財布がお金を呼び込んでくれます。まず札入れに入るだけの1万円札を詰め込みます。赤と緑の折り紙を2枚重ねて半分に折り、詰め込んだ1万円札にかぶせればOKです。紙はどちらが上でも構いません。

Power up

4 赤で包んで北で増やそう

お金が好む方向は北と西、北東。中でも北は貯蓄力アップに最適な方角です。通帳や現金を赤い風呂敷や赤系の布でくるんで北、北西、北東のいずれかの暗いところにしまっておきましょう。箱などで暗い場所を作ってもOK。お金に休息を与えると、金運が上がります。

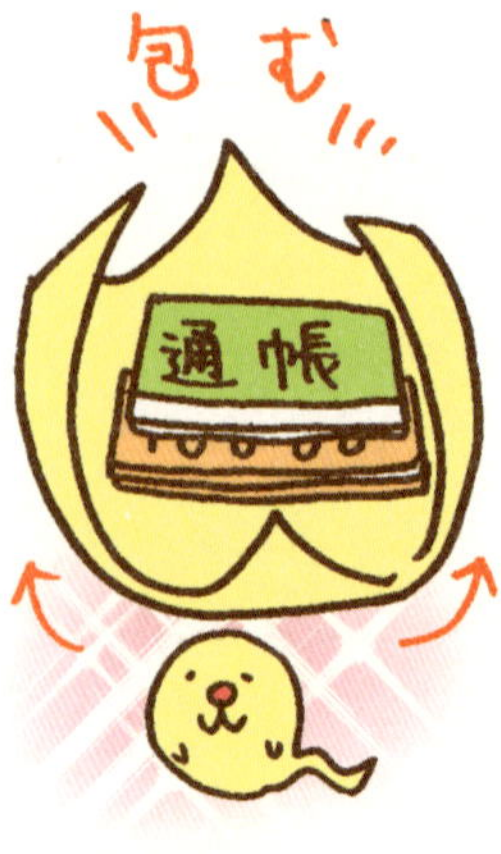

Power up

5 緑と赤の丸シールでお金持ち

緑の丸いシールを鬼門である北東の壁か天井に、赤の丸いシールを裏鬼門の南西の壁か天井に貼りましょう。これは家にあるお金を活性化させ、育てるという風水術。文具店などで買える1センチ程度のシール、または色紙を切って作って貼ってもOK。

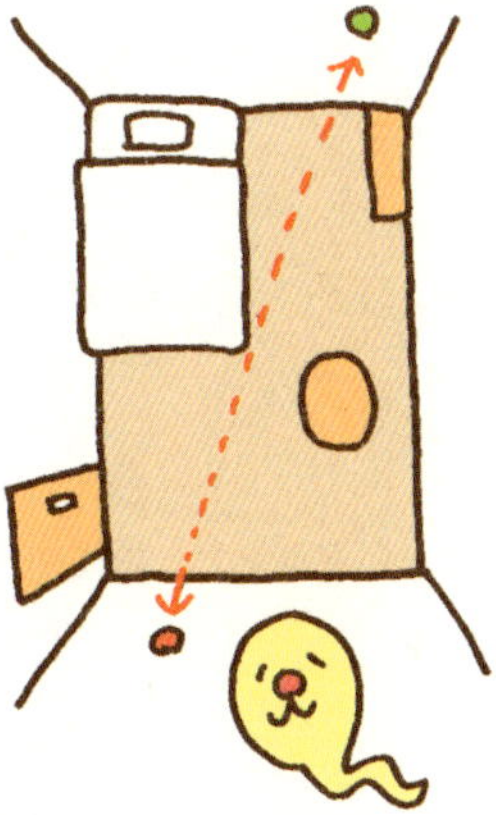

Power up

6 大きめ長財布で金運上昇

ラッキー財布のキホンは何といっても長財布です。長財布はお札を折らずに収納できるので、お金にストレスがかからず、お金の流れがスムーズになるのです。大きめの物で、角がしっかりしている物が良いでしょう。女性ならフェミニンなデザインを楽しんで。

COLUMN 2

やったほうがイイ風水×フード FOOD

開運パワーフードで体の中から運気を上げる!

食べ物は直接体を元気にするパワーの源。毎日の食生活にも風水の法則を取り入れて運気をアップさせることができます。

基本は質の良い栄養素をバランス良く摂ることができる食事。女性なら髪と肌に良い「質の良いたんぱく質」と「ビタミンC」を積極的に摂るのもグッド。1日1個の卵もさまざまな栄養を補ってくれます。
加えて以下に紹介するような食材を上げたい運気に従って取り入れてみてください。開運パワーフードで体内から風水の効果が実感できるはずです。

Fruit フルーツ

色とりどりのフードは運気アップのカギとなります。特にフルーツはさまざまな運気に対して効果を発揮します。恋愛運アップならバナナやブドウなど房になってなる果物。子宝運には赤色の食材であるリンゴ。金運には黄色やオレンジ色の柑橘類がグッドです。

Water 水

恋愛運をアップさせるには水を変えて水分代謝を良くすることが特にオススメ。飲料水を天然水に変えるだけで体内の水分バランスが整い、たまっていた毒素が排出されることで疲れがとれて、出会いに向けての積極的な行動を起こせるようになります。

Spices スパイス

ニオイが強い食べ物はマイナスエネルギーを遠ざける効果があります。インドカレーやタイ料理、中華料理にふんだんに使われていますので、どんどん摂取してみましょう。仕事の疲れが抜けたり、苦手な人との関係が整ったりと良いことが起こります。

Part 10

WORK

仕事運

Power up

1 名刺入れの「赤」が人脈を広げる

名刺入れは、どこかに赤のワンポイントが入っている物を選びましょう。内側が赤になっている物でも構いません。赤は生命力の活性化を表し、行動を促す力があります。名刺入れに赤が入っていると、入れてある名刺が勢いのある仕事をしてくれるようになり、仕事が舞い込むようになります。それだけでなく新しい縁がまた新たな縁を呼ぶという良いサイクルが生まれます。実際、人脈運は金運に直結しているので、情報関係や営業の仕事をしている人に特にオススメです。

また名刺入れを用意するときは、本革がベストです。天然素材や動物の革は呼吸をしているので、気の循環を促します。

Power up

2 東で買った赤いペンで成果◎

売上げや成績を上げたいと思っている人は、自分の自宅から見て東の方向にあるデパートなどで赤いボールペンを購入しましょう。朝日が昇る東には、日の目を見る、世の中に認められるといった効果があります。また赤は秘めた力を活性化させるので、東で買った赤いボールペンを仕事や勉強で使えば、やる気が出て、思った通りの成果が出せるはずです。

また時間があれば、「東」という漢字がつく土地や駅に出かけて空気を吸うのもオススメです。さらに運気を高めたいなら、東の方角へ日の出を見に行ってください。良い気が流れる高所からまっ赤な太陽を拝むことで、全体運が強化されます。

Power up

3 名刺を整理し、仕事をゲット

名刺は縁を、縁は仕事やお金を運んでくれるものです。定期的に名刺を見直し、名刺ホルダーに入れるなど、人脈を活用しやすいようにしておきましょう。ゴムで束ねているようでは良い縁も逃げてしまいます。顔も思い出せない名刺は処分して。

Power up

4 カバンには仕事の物だけ

仕事用のカバンには書類や筆記用具、携帯電話など仕事に必要な物だけを入れておくようにしましょう。お菓子や週刊誌、紙くずなど仕事に関係ない物が入っていると、悪い気が発生し、仕事が停滞し、良い仕事が入ってこなくなるので気をつけて。

Power up

5 キレイな電話機が仕事を招く

朝、席に着いたら電話機のホコリを払い、一拭きする習慣をつけましょう。仕事は電話を通して舞い込みます。良い気をまとった電話を使うとスムーズに話が進みます。汚れた電話からは悪い気が出るので、それが相手に伝わり、プロジェクトが頓挫《とんざ》してしまうことに。

Power up

6 仕事カバンの置き場を決める

カバンは仕事運を左右する大切なアイテム。オフィスでも外出先でも床に置くのは避けましょう。底が汚れたり、床に漂う陰の気がつくのを防ぐためです。カバン置きを用意したり、椅子の背もたれにかけたり、外では座った腰の後ろに置くなどで対処しましょう。

COLUMN 3

やったほうがイイ風水 × アイテム

意外? 運気をアップさせる身近なグッズ!

本書で紹介している風水には、鏡を置く、電球や照明器具を変えて部屋全体を明るくするなど、身近でなじみ深い道具を使うものがいくつもあります。

これらのアイテム、実は風水ではよく使われるラッキーアイテム。悪い気を反射したり遠ざけたりする魔除けとして高い効果を発揮するためオールマイティに使える鏡と照明、また良いニュースや連絡をもたらすことで運気の上昇にかかわるスマホや電話。どなたの家にも必ずあって使いやすく、効果バツグンの物を３つ、使い方を含めて解説します。

Mirror 鏡

邪気や人の念を跳ね返す力のある鏡。玄関に置いて悪い気の侵入を防いだり、ベッドの下に置くことでゆっくり眠ってスッキリ目覚められるようになったりと、悪い気の侵入や充満が気になる場所や場面で使うことで活躍してくれます。

Light ライト

玄関やリビングはもちろん、洗面所やバスルームも明るい空間を作ることで良い気で満たすことができます。そんなとき、必ず頼ることになるのが照明器具。暗いかなと感じる場所の照明は明るい物に変えたり、照明を増やしましょう。

Phone 電話

情報や連絡を象徴するスマホや電話などの通信機器。仲良くなりたい人に操作してもらったり、赤い布の上に置いて良い連絡が来るエネルギーを充填するなどすれば、適切に人間関係や出会いに関する運気をアップさせてくれます。

Part 11

HABITS

習慣

Power up

1 お香の浄化効果で、良い気に浸る

お香はその場を浄化し、良い気にする力があります。そのため昔からお寺や神社、教会などで使われてきました。質が高く、良い香りのお香は、気持ちを良くしてくれ、前向きになるのを助けてくれます。日々の掃除の最後に、お香を焚くようにすると部屋のお清めになるだけでなく、家具やカーテンに香りがついて、居心地の良い空間に。突然の来客にも良いおもてなしになります。

またお香には身をきよめたり、邪気を寄せつけないために体につける「塗り香」や「練り香」もあります。好きな香りを持ち歩き、イヤなことがあったら手首に、変な気配がするときは首の後ろに塗るとスッキリします。

Power up

2 小さな手鏡が心を応援

鏡は三種の神器のひとつであり、今も神社や神棚にも祀《まつ》られています。鏡には霊力が備わっていて、邪気を跳ね返すほか、映した物を倍増させる力があるからです。家族団らんなど良い気を映すとさらなる幸運を運んでくれます。逆に周囲から妬まれるといった陰の気を感じたら、鏡の力で跳ね返すことができます。

また小さな手鏡は心を落ち着かせるのに役立ちます。たとえば気持ちが沈むようなときは、手鏡を額に当てると癒されます。大事な場面で失言を避けたいときはのどに、物事を決められず迷うようなときは胸に当てると、決断を後押ししてくれます。

習慣

Power up 3 新品の靴下と米粒で運気アップ

日本人が主食としているお米は、古来から神聖な食べ物であり、邪気を取り除く力があります。また白い色をしたお米は、運気を浄化する力があります。大地が育《はぐく》んだ収穫の象徴でもあり、仕事運、金運を高めてくれます。

特に出会い運を強化するための方法をご紹介します。新しく買ってきた靴下やストッキングをおろす前に、お米を1粒中に入れておくだけ。履く前に米粒は取り出して、感謝して土の中に埋めます。これでOK。

なお、足は汗をかくので、靴下には吸い取った悪い気がいっぱいです。穴が開くまで着用するのではなく、定期的に入れ替えをするようにしましょう。

Power up

4 アロマで手軽にセルフメンテ

不安や悩み、怒りなどで気持ちが晴れないときはアロマオイルを利用してセルフメンテナンスをしてみてはいかがでしょうか。植物のエキスを抽出したアロマオイルは植物の気を持っているため、空間の浄化だけでなく、人のココロや体をきよめて、癒してくれます。

使い方はアロマポットやディフューザーで部屋に拡散したり、ティッシュにオイルをたらしてかぐだけでもOK。仕事のストレスにはイランイランやオレンジスイート、婚活や妊活の不安や焦りにはサンダルウッドを。また後悔をやわらげるならフランキンセンス、失恋など何かを失った悲しみには心を癒すレモングラスやゼラニウムがオススメです。

Power up

5 勉強には北の机と赤の照明を

子どものやる気を引き出すには、勉強机を北の方角に置き、赤い電気スタンドを置きましょう。北は部屋の中で最も寒い場所なので、冷静に物事を考えられるようになり集中力が高まります。赤は活力を呼び起こすので、勉強がはかどるようになるはず。

Power up

6 一対の観葉植物で学力アップ

一生懸命勉強しているのに思うように成績が伸びないときは、緑が持つ「育む力」を借りましょう。同じ植物を2つ買い、机の両脇に1つずつ飾ってください。左右対称に置くことで気を高めることができます。赤いスタンドと合わせて取り入れればなお効果的。

Power up

7 旬の食材を食べて運気アップ

満ち足りた生活には、良い食生活が基本。食べる物が体を作り、心を育むからです。特に旬の食べ物には良い気がたっぷりなので積極的に食べるようにすると、健康運だけでなく金運もアップします。レトルトやインスタント食品は運気を下げるので最小限に。

Power up

8 楽しい話題が幸せを呼ぶ

人との会話は明るく、前向きな話題にしましょう。言葉には「言霊」があり、良い言葉は良いことを、悪い言葉は悪いことを招きます。特にその場にいない人の噂《うわさ》や悪口は避けて。同じことが自分に返ってきます。仲間が噂話を始めたら席を外すと良いでしょう。

Power up

9 汚れに気づいたら掃除する

部屋の掃除を後まわしにしていると、汚れがガンコになるだけでなく、運気が落ちてきます。汚れ、ホコリが目に入ったら、即掃除に取りかかり悪い気を一掃し、良い気を招き入れましょう。手軽に使えるモップなどで床を拭くだけでもスッキリして運気もアップ！

Power up

10 家では部屋着に着替える

外から帰ったら、部屋着に着替え、仕事や勉強、レジャーの時間から気を切り替えましょう。外で吸収したさまざまな気を払うという意味もあります。外出したままの格好で家で過ごしていると外と中の生活にメリハリがなくなってくるので、ケジメを大切に。

Power up

11 バッグは一段高い位置に

お財布や携帯、お化粧道具などを持ち歩くバッグは、自分の分身ともいえる大切なアイテム。ひざの上や荷物置き、バスケットの中に置けばＯＫ。床に直置きすると陰の気を吸ってしまうだけでなく人に蹴飛ばされたりする心配もあるのでやめましょう。

Power up

12 元気なあいさつで家を明るく

あいさつが大切だといわれるのは、その言葉に気がこもっているため。「ただいま」や「いただきます」は感謝を、「おはよう」「いってきます」は1日のスタートを切る前向きな気が含まれます。明るいあいさつは家を良い気で満たし、全体運、家族運も高まります。

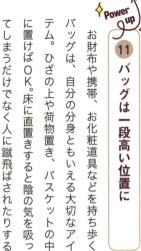

Power up

13 マフラーは恋のラッキーアイテム

シックな色合いを好む傾向がある日本人だからこそ、キレイな色のマフラーやストールなどの小物を使って、運気を高めましょう。風水では、マフラーのような巻き物は「縁」を結ぶ物と考えられていて、特に恋愛運や結婚運をアップさせるアイテムです。

素材はコットン、ウール、シルクなど天然素材の物を選びましょう。色はそのとき気に入った物を選んで。黒や灰色などはスタイリッシュですが冷たい印象を与えるので避けて。

女性なら大きめのマフラーを巻いて華奢《きゃしゃ》に見せると、男性の保護本能をくすぐります。端にポンポンなどがついているタイプも良縁を運んでくれます。

Power up

14 手帳を使えば脳がアクティブに

スケジュール管理のために、お気に入りの手帳を1冊、持ちましょう。最近はスマホやタブレットで予定管理する人も少なくありません。でも、手で書くという行為は、脳を活性化させてくれるので良い開運法となります。また、書くことでやること、やりたいことがはっきりするため、仕事がはかどったり、夢がかないやすくなったりします。望みをかなえる書き方のコツは、何月何日までに○○をするなど、できるだけ具体的に書くことです。

手帳の色は強くしたい運気の色に合わせるのもオススメ。仕事運なら青や緑、美容運には赤やオレンジ、金運にはゴールドかベージュを。黒は運気を停滞させるので避けましょう。

習慣

あとがき

お掃除や整理整頓は、おきよめであり、住まいや人の運命を良くするための魔法の1つであると私は考えています。しかし、すべてに完璧を求める必要はありません。

「できることから実践してみる」という姿勢の積み重ねが、あなたの運命を後押しするきっかけになるのです。

昨今では、さまざまな眼に見えない世界を扱うお仕事が増えました。私の仕事も相談業ですから同じジャンルに入りますが、一番大切なのは私たち1人ひとりがお金を稼いで生活をしていけるように導くことです。天ばかりを見て、地に足がついていないと、生活は成り立ちません。

「風水」はまさに地に足をつかせ根付かせるためのしくみでもあります。

自然と共存しながら、生活をし、地に根付き、天からの恵みでリズムを刻む。

眼に見えない物に長くすがるよりも、私たちの身近にある物の大切さに気づく、それこそが真のスピリチュアルだとも感じています。

もし、今あなたが「ついてないなぁ…」と思っているのなら、まさに今がチャンスなのです。不安や悩みや迷いが出たり、ネガティブな思考が出たときこそ、高みにのぼるための合図だと思ってみてください。そして「やったほうがイイ風水」を取り入れ、運命の後押しを体感してみてください。

本著を編集・製作してくださった皆様、いつも応援してくださる友人・家族、そして、何より手にとってくださった読者の皆様に感謝致します。

今後、2016年には占い・風水スクールを開講し、1人でも多くの方が日常生活の中に「風水」を取り入れてよりよい生活スタイルを築きあげていけるよう、楽しい企画を考えております。皆様にお会いできるときを楽しみにしております。

愛新覚羅ゆうはん

監修者プロフィール

愛新覚羅ゆうはん（あいしんかくら・ゆうはん）

占い師、風水師、デザイナー、開運ライフスタイルアドバイザー

黒龍江省ハルビン生まれ、母方の祖母の家系が映画「ラスト・エンペラー」でも知られる愛新覚羅氏の後裔。5歳のときに来日し、桑沢デザイン研究所を卒業後、北京大学に1年留学し中国語を学ぶ。帰国後、アパレル企業の広報宣伝などを経て、幼少期からの透視能力も活かしタロットカード・占星術なども扱い、別名『ジョカ』で占い師としてデビュー。当初鑑定していた医療・教育関係者のクチコミで話題となり、10年で延べ1万5000人以上を鑑定。著書に『恋とお金を引き寄せる姫風水』（扶桑社刊）、『恋とお金の神さまに教えてもらった魔法の赤風水』（主婦の友社刊）。

2013年7月に「LINE占い」に「愛のスピリチュアリスト ジョカ」としてサービスインし、1週間連続1位を獲得。また2013年9月には「恋愛の神様DX」、2014年9月に「占い@nifty」でもオリジナルコンテンツを持つ。デザイナーとしてオリジナルブランド『Ryujyu～龍樹～』も手がけ、サンリオ「ハローキティ」ともコラボしたり、全国でセミナーやイベントを開催するなど、多岐にわたって活動をしている。

愛新覚羅ゆうはん プロデュース&デザイン

開運名刺入れ&開運長財布

なかなか理想の開運アイテムが見つからないという皆様にニュース!
色、素材、デザインのすべてに開運メソッドが盛り込まれた愛新覚羅ゆうはん
プロデュース&デザインの名刺入れ&長財布を紹介します。
このアイテムを使えば開運間違いなし!

発売中

ご縁をつなぐ Ryujyu
オリジナル開運名刺入れ

(ゴールド&ラインストーンリボン付)

最上級の牛革を使用し、国内の熟練した職人が確かな技術によりひとつずつハンドメイドで丁寧に作り上げています。正面には金運を呼び込むための象徴、ゴールド&ラインストーンをセンターにリボンをあしらいました。

発売中

恋もお金もすべての願いをかなえる
Ryujyu オリジナル開運長財布

(ゴールド&ラインストーンリボン付)

機能性を重視した使いやすいジッパーとがまぐちが合体した二重構造仕様です。恋とお金を引き寄せるカラー、最上級のシープ革プリシラピンクを使用し、極上の手触りのやわらかさを追求しました。正面には金運を呼び込むための象徴、ゴールド&ラインストーンをセンターにリボンをあしらいました。

●参考文献
『恋とお金を引き寄せる姫風水』 愛新覚羅ゆうはん（扶桑社）
『魔法の赤風水』 愛新覚羅ゆうはん（主婦の友社）
『やってはいけない風水』 紫月香帆（監修）（河出書房新社）
『ユミリーのお金風水』 直居由美里（大和出版）
『ユミリーのやってはいけないお家風水ルール68』 直居由美里（大泉書店）
『かたづけ上手がツキを呼ぶ！快適風水生活』 工藤沙美（成美堂出版）
『はじめてのインテリア風水』 林 秀靜（監修）（大泉書店）
『決定版 インテリア風水術』 田口二州 （PHPビジュアル実用BOOKS）
『ハッピー風水生活術』 成美堂出版編集部（成美堂出版）

● イラスト／藤井昌子
● 編集協力／伊藤京子
● 編　　集／浜田一平（ジングラフィックス）
● デザイン／髙木　聖（ジングラフィックス）
● 校　　正／有限会社玄冬書林

やったほうがイイ風水《ふうすい》

2015年12月10日 第1刷発行
2019年 2 月 1 日 第8刷発行

監修者　愛新覚羅《あいしんかくら》ゆうはん
発行者　中村　誠
印刷所　図書印刷株式会社
製本所　図書印刷株式会社
発行所　株式会社日本文芸社
〒101-8407　東京都千代田区神田神保町1-7
（営業）03-3294-8931
（編集）03-3294-8920
URL　https://www.nihonbungeisha.co.jp/

Printed in Japan　112151125-112190118 Ⓝ 08　(310018)
ISBN978-4-537-21352-2
編集担当：菊原